Impressum

© 2025 Thomas Kalkus-Promitzer - www.meintom.at
Covergestaltung: DI Konrad Promitzer - www.kpdesign.at

Bibliografische Information der Deutschen Nationalbibliothek: Die Deutsche Nationalbibliothek verzeichnet diese Publikation in der Deutschen Nationalbibliografie; detaillierte bibliografische Daten sind im Internet über http://dnb.dnb.de abrufbar.

Die automatisierte Analyse des Werkes, um daraus Informationen insbesondere über Muster, Trends und Korrelationen gemäß §44b UrhG („Text und Data Mining") zu gewinnen, ist untersagt.

Verlag: BoD · Books on Demand GmbH, Überseering 33, 22297 Hamburg, bod@bod.de

Druck: Libri Plurcos GmbH, Friedensallee 273, 22763 Hamburg

ISBN: 978-3-8192-0916-1

Thomas Kalkus-Promitzer

Ziele erreichen

mit Herz und Verstand

Psychosoziale Impulse, Band 10

Inhaltsverzeichnis

Warum Ziele unser Leben bereichern

Ziele zu haben bedeutet nicht nur, sich etwas vorzunehmen. Es bedeutet, dem eigenen Leben Richtung zu geben. Es bedeutet, das eigene Potenzial ernst zu nehmen und sich auf den Weg zu machen, um es zu entfalten. Ohne Ziele treibt unser Denken im Kreis. Ohne Ziele verliert sich unsere Energie in der Beliebigkeit des Alltags. Doch mit einem klaren Ziel vor Augen wird aus Zeit Lebenszeit. Aus Gedanken wird Handlung. Aus inneren Bildern wird Wirklichkeit. Ziele sind nicht einfach nur Mittel zum Zweck. Sie sind Ausdruck dessen, was uns im Innersten bewegt. Sie spiegeln unsere Werte, unsere Träume, unsere Sehnsucht nach Sinn. Sie verbinden unser Heute mit einem Morgen, das wir selbst gestalten dürfen.

Ziele bereichern unser Leben, weil sie uns herausfordern. Sie fordern uns auf, über uns hinauszuwachsen. Sie laden uns ein, unser Denken zu erweitern, unsere Komfortzone zu verlassen und neue Erfahrungen zu sammeln. In jedem Ziel liegt eine Verabredung mit unserer Entwicklung. Es geht nicht darum, sich zu verbiegen oder einem Ideal zu entsprechen, sondern darum, das Eigene zu leben. Ein Ziel, das zu dir passt, erinnert dich daran, wer du bist und wer du werden kannst. Es bringt dich in Kontakt mit deiner inneren Kraft. Es aktiviert Ressourcen, die vielleicht lange geschlummert haben. Es ruft deine Kreativität, deine Entschlossenheit und deine Ausdauer auf den Plan. Und in diesem Prozess entdeckst du Seiten an dir, die dich selbst überraschen.

Ziele machen unser Leben reicher, weil sie uns Sinn geben. Wenn du weißt, wofür du morgens aufstehst, fühlt sich der Tag anders an. Du bist präsenter. Du triffst bewusstere Entscheidungen. Du gehst mit deiner Zeit und deiner Energie achtsamer um. Ein sinnvolles Ziel ist wie ein inneres Licht. Es leuchtet dir den Weg, auch wenn es im Außen gerade schwierig ist. Es erinnert dich an das, was wirklich zählt. Und es gibt dir die Kraft, dranzubleiben, wenn es unbequem wird. Denn du weißt, dass dein Tun Bedeutung hat. Du arbeitest nicht für irgendein Ergebnis, sondern für etwas, das dir am Herzen liegt.

Ziele schenken uns Freude. Nicht nur, wenn wir sie erreichen, sondern auch auf dem Weg dorthin. Es ist die Freude am Wachsen, die Freude am Tun, die Freude daran, etwas zu gestalten. In dem Moment, in dem du dich auf den Weg machst, veränderst du deinen inneren Zustand. Du bist nicht mehr Zuschauer:in deines Lebens, sondern Gestalter:in. Du fühlst dich verbunden mit dir selbst und mit dem, was dir wichtig ist. Diese Verbindung schenkt Tiefe. Sie schenkt Erfüllung. Und sie schenkt dir das Gefühl, dass du nicht einfach funktionierst, sondern lebst.

Ziele bringen Struktur in unser Leben. Sie helfen uns, Prioritäten zu setzen. Sie geben uns Orientierung in einer Welt, die voller Ablenkung ist. Wer weiß, was ihm oder ihr wirklich wichtig ist, trifft klarere Entscheidungen. Du lernst, Nein zu sagen zu dem, was dich nicht weiterbringt. Und du beginnst, Ja zu sagen zu dir selbst. Diese Klarheit wirkt befreiend. Sie reduziert Stress. Sie schenkt dir das Gefühl, dein Leben selbst zu lenken, statt von äußeren Umständen bestimmt zu werden. In einer Zeit, in der viele Menschen das Gefühl haben, getrieben zu sein, kann ein gut gewähltes Ziel wie ein innerer Anker wirken.

Ziele machen uns lebendig. Denn sie bringen uns in Bewegung. Sie lassen uns spüren, dass wir Einfluss nehmen können. Dass wir nicht ausgeliefert sind. Dass wir gestalten können. Auch kleine Ziele haben diese Kraft. Manchmal reicht schon die Entscheidung, einen Spaziergang zu machen, ein Gespräch zu führen oder ein Kapitel in einem Buch zu lesen, um sich wieder verbunden zu fühlen. Ziele helfen uns, nicht in der Vergangenheit stecken zu bleiben. Sie richten unseren Blick nach vorn. Und sie erinnern uns daran, dass es immer einen nächsten Schritt gibt. Selbst dann, wenn wir gerade nicht weiterwissen.

Ziele wirken wie eine Brücke zwischen dem, was ist, und dem, was möglich ist. Sie verbinden unsere Realität mit unserer Vision. Sie machen Hoffnung konkret. Und sie übersetzen Potenzial in Handlung. Gerade in herausfordernden Zeiten, in Momenten von Umbruch, Zweifel oder Neuausrichtung, können Ziele wie ein Kompass sein. Sie helfen dir, dich selbst nicht zu verlieren. Sie erinnern dich daran, dass du mehr bist als deine Umstände. Sie führen dich zu dem Punkt, an dem du dich entscheiden kannst. Für dich. Für deinen Weg. Für deine innere Wahrheit.

Ziele bringen dich in Kontakt mit deiner inneren Stimme. Wenn du dir erlaubst, ehrlich hinzuschauen, wirst du entdecken, was dich wirklich bewegt. Jenseits von Erwartungen, Rollen und Routinen taucht etwas auf, das authentisch ist. Etwas, das du vielleicht lange überdeckt hast. Etwas, das dich ruft. Dieser Ruf ist leise, aber kraftvoll. Und wenn du ihm folgst, entsteht ein Ziel, das dich nicht unter Druck setzt, sondern dich aufrichtet. Ein Ziel, das dich nicht antreibt, sondern dich zieht. Weil es aus deinem Innersten kommt. Und weil es dir erlaubt, das zu leben, was du wirklich bist.

Ziele brauchen Mut. Denn sie fordern Entscheidungen. Und jede Entscheidung bedeutet auch Verzicht. Doch genau in diesem Verzicht liegt Klarheit. Du entscheidest dich für das, was dir wichtig ist. Und du entscheidest dich gegen das, was dich ablenkt. Dieser Prozess ist nicht immer einfach. Aber er ist ehrlich. Und er bringt dich in Kontakt mit deiner eigenen Verantwortung. Du beginnst, dein Leben bewusst zu gestalten. Du wirst zur Akteur:in deines Weges. Und das schenkt dir eine neue Qualität von Freiheit.

Ziele können uns auch verletzlich machen. Denn sie berühren unser Herz. Sie machen uns sichtbar. Wenn du ein Ziel aussprichst, zeigst du etwas von dir. Du machst dich ein Stück weit angreifbar. Aber genau darin liegt auch eine große Kraft. Denn in dem Moment, in dem du dich zeigst, entsteht Verbindung. Du wirst für andere erkennbar. Und du wirst für dich selbst klarer. Ziele zu haben heißt, sich dem Leben zuzuwenden. Sich hineinzugeben. Sich nicht zu verstecken. Sondern sich mit allem, was dazugehört, auf den Weg zu machen.

Ziele sind nicht der einzige Weg zu einem erfüllten Leben. Aber sie sind ein machtvolles Werkzeug. Sie laden uns ein, bewusst zu werden. Bewusst zu handeln. Bewusst zu wachsen. In einer Welt voller Möglichkeiten helfen sie uns, unseren eigenen Weg zu finden. Und ihn mit Herz und Verstand zu gehen. Dieses Buch möchte dich dabei begleiten. Es möchte dir Impulse geben, Fragen stellen, Klarheit schaffen. Und es möchte dich ermutigen, deine Ziele nicht als Belastung zu sehen, sondern als Einladung. Als Einladung, dich selbst besser kennenzulernen. Und als Einladung, dein Leben in die Richtung zu lenken, die sich für dich wahr und richtig anfühlt.

Denn wenn du ein Ziel hast, das aus dir selbst kommt, dann ist jeder Schritt dorthin ein Ausdruck deiner Lebendigkeit. Du gehst nicht mehr, weil du musst. Du gehst, weil du willst. Und du gehst mit einem inneren Leuchten, das dir zeigt: Genau hier bin ich richtig.

Herz und Verstand als Kompass

Es gibt Entscheidungen, die treffen wir mit dem Kopf. Und es gibt Wege, die gehen wir mit dem Herzen. Beides hat seine Berechtigung. Doch wirklich kraftvoll wird unser Handeln, wenn Herz und Verstand sich verbinden. Wenn die innere Stimme, die uns sagt, was uns erfüllt, und die innere Logik, die uns zeigt, was funktioniert, gemeinsam wirken. In dieser Verbindung liegt der Schlüssel zu Zielen, die nicht nur erreichbar sind, sondern auch sinnstiftend. Ziele, die uns nicht nur voranbringen, sondern auch innerlich wachsen lassen.

Viele Menschen neigen dazu, sich entweder auf das eine oder auf das andere zu verlassen. Manche planen alles mit dem Verstand, kalkulieren, analysieren, bewerten. Sie treffen rationale Entscheidungen, oft gut durchdacht, aber manchmal leer oder ohne emotionale Resonanz. Andere wiederum hören ausschließlich auf ihr Herz, folgen spontanen Impulsen, inneren Sehnsüchten, flüchtigen Gefühlen. Sie erleben Intensität, aber verlieren leicht die Orientierung. Beides hat seine Vorzüge, aber auch seine Grenzen. Der Verstand sorgt für Sicherheit, Struktur und Planung. Das Herz bringt Lebendigkeit, Inspiration und Sinnhaftigkeit. Wenn wir lernen, beides miteinander zu verbinden, entsteht eine neue Qualität. Eine innere Stabilität, die nicht aus Kontrolle, sondern aus stimmiger Ausrichtung kommt. Diese Ausrichtung ist kein statischer Zustand, sondern ein lebendiger Prozess. Sie erfordert, dass wir uns selbst zuhören und bereit sind, immer wieder neu abzustimmen, was gerade stimmig ist. Es geht um ein inneres Gleichgewicht, das nicht durch starre Regeln, sondern durch aufmerksames Wahrnehmen entsteht. Wenn Herz und Verstand in echtem Dialog stehen, entsteht ein Handeln, das sowohl klar als auch berührend ist, sowohl zielgerichtet als auch verbunden mit dem, was uns ausmacht.

Herz und Verstand sind keine Gegensätze. Sie sind unterschiedliche Ausdrucksformen unserer inneren Weisheit. Der Verstand denkt, plant, strukturiert. Er will verstehen und Sicherheit schaffen. Das Herz fühlt, spürt, träumt. Es will Sinn erleben und Tiefe finden. Wenn wir unseren Zielen nur mit dem Verstand begegnen, riskieren wir, sie zu instrumentalisieren. Wir machen sie zu reinen To-dos, zu Zahlen oder Pflichten. Wenn wir uns nur vom Herzen leiten lassen, verlieren wir manchmal die Bodenhaftung. Die Verbindung beider Kräfte jedoch schenkt uns einen inneren Kompass. Einen Kompass, der sowohl die Richtung als auch die Tiefe kennt.

Dieser Kompass hilft uns, zwischen echten Zielen und fremden Erwartungen zu unterscheiden. Er fragt nicht nur: „Ist das machbar?", sondern auch: „Ist das meins?" Er prüft nicht nur: „Was bringt mir das?", sondern auch: „Wie fühlt es sich an?" Diese Fragen führen uns zu einer Zielsetzung, die nicht nur erfolgreich ist, sondern auch stimmig. Und genau das macht den Unterschied. Denn ein Ziel, das zwar logisch erscheint, uns aber innerlich leer lässt, wird uns langfristig nicht tragen. Und ein Ziel, das zwar emotional reizvoll ist, aber keinerlei Umsetzungsstrategie hat, wird uns frustrieren. Deshalb braucht es beides.

Herz und Verstand als Kompass zu nutzen bedeutet, achtsam mit sich selbst zu sein. Es bedeutet, innezuhalten und zu lauschen. Was sagt mein Gefühl? Was sagt mein Gedanke? Und wie lassen sich diese beiden Stimmen zu einer gemeinsamen Antwort verweben? Diese innere Kommunikation braucht Übung. Sie braucht Stille, Ehrlichkeit und manchmal auch Geduld. Sie braucht die Bereitschaft, nicht vorschnell zu entscheiden, sondern innerlich zu reifen. Manchmal zeigt sich die Antwort nicht sofort, sondern wächst mit dem Vertrauen, das du in dich selbst setzt. Es ist ein Lauschen nach innen, ein sich Einlassen auf Widersprüchliches, ein geduldiges Aushalten, bis sich ein stimmiger Weg zeigt. Doch wenn wir diese Praxis pflegen, entsteht ein inneres Ja. Ein Ja, das klar und kraftvoll ist. Ein Ja, das aus Tiefe kommt und getragen ist von innerer Überzeugung. Ein Ja, das uns nicht nur antreibt, sondern nährt. Es ist dieses Ja, das uns den Mut gibt, neue Wege zu gehen, auch wenn wir nicht alle Antworten kennen. Und es ist dieses Ja, das uns mit uns selbst versöhnt, wenn wir spüren, dass wir nicht gegen unsere innere Wahrheit arbeiten, sondern mit ihr.

In der Praxis kannst du dich fragen: Was will ich wirklich? Und was ist gerade möglich? Was fühlt sich stimmig an? Und was ergibt strategisch Sinn? Wenn beide Ebenen in Einklang sind, entsteht eine Zielklarheit, die tiefer reicht als jede To-do-Liste. Du spürst, dass du auf dem richtigen Weg bist, auch wenn er anstrengend ist. Du fühlst dich getragen, weil du nicht gegen dich arbeitest, sondern mit dir. Herz und Verstand wirken dann wie zwei Kräfte, die dich gleichzeitig erden und beflügeln.

Diese innere Balance macht dich unabhängig. Du brauchst weniger Bestätigung von außen, weil du weißt, dass deine Richtung aus dir selbst kommt. Du wirst klarer in deinen Entscheidungen, ruhiger in deinem Tempo, verlässlicher in deinem Handeln. Und selbst wenn du einmal vom Weg abkommst, kannst du dich neu ausrichten. Denn du hast deinen Kompass bei dir. Nicht als Regelwerk, sondern als lebendige Beziehung zu dir selbst.

Um diese Verbindung von Herz und Verstand zu stärken, hilft es, regelmäßig in den inneren Dialog zu gehen. Nimm dir einen ruhigen Moment und stelle dir eine Entscheidung oder ein Ziel vor. Dann frage zuerst dein Herz: Was fühle ich dabei? Was sagt mein Bauchgefühl? Welche Sehnsucht, welche Angst, welches Bedürfnis liegt dahinter? Spüre die Antwort, ohne sie sofort bewerten zu wollen. Danach frage deinen Verstand: Was weiß ich darüber? Was spricht sachlich dafür oder dagegen? Welche Möglichkeiten habe ich? Welche Konsequenzen sind abzusehen? Auch hier gilt: Bleibe offen, ohne zu urteilen. Wenn beide Stimmen gehört wurden, kann sich eine neue Sichtweise ergeben. Eine Perspektive, die nicht aus einem Entweder-oder, sondern aus einem Sowohl-als-auch entsteht.

Du kannst diese Übung schriftlich machen, indem du beide Perspektiven notierst und im Anschluss einen dritten Abschnitt formulierst, in dem du beides zusammenführst. So trainierst du deine innere Klarheit. Du stärkst deine Selbstwahrnehmung. Und du findest zu Entscheidungen, die nicht nur sinnvoll, sondern auch stimmig sind.

Reflexionsfragen:

- In welchen Situationen höre ich eher auf den Verstand und in welchen eher auf mein Herz?
- Wann habe ich beide Stimmen bewusst verbunden und was war das Ergebnis?
- Welche meiner bisherigen Ziele waren rein kopfgesteuert und wie haben sie sich angefühlt?
- Welche Herzenswünsche habe ich bisher nicht verfolgt und warum?
- Wie könnte sich mein Weg verändern, wenn Herz und Verstand gleichberechtigt mitentscheiden dürften?
- Was brauche ich, um besser auf meine innere Stimme zu hören, sowohl emotional als auch rational?

Wenn du Herz und Verstand als Kompass nutzt, entsteht ein Weg, der nicht nur zielführend ist, sondern auch sinnhaft. Du gehst nicht schneller, aber bewusster. Du erreichst nicht nur etwas, sondern erlebst dich selbst darin. Und du spürst, dass dein Ziel nicht nur eine Richtung ist, sondern ein Ausdruck deiner inneren Wahrheit.

Was macht ein gutes Ziel aus?

Ziele geben unserem Leben Richtung. Sie verleihen unserem Handeln Sinn und helfen uns, Prioritäten zu setzen. Ohne Ziele treiben wir oft orientierungslos durch den Alltag, reagieren nur auf äußere Umstände, statt bewusst zu gestalten. Doch nicht jedes Ziel ist gleich wertvoll. Manche Ziele entpuppen sich als Illusion, andere sind von Anfang an kraftvoll und wegweisend. Deshalb ist die Frage zentral: Was genau macht ein Ziel zu einem guten Ziel?

Ein gutes Ziel entsteht aus einer echten inneren Überzeugung. Es entspringt nicht aus dem Wunsch, Erwartungen anderer zu erfüllen oder sich gesellschaftlichen Normen anzupassen. Es entspringt vielmehr aus der Verbindung mit den eigenen Werten, Träumen und Stärken. Wer sich ein Ziel setzt, das dem eigenen Innersten entspricht, wird es mit mehr Ausdauer, Energie und Klarheit verfolgen als jemand, der lediglich versucht, einem Idealbild zu entsprechen.

Häufig erlebe ich Menschen, die sich Ziele setzen, die gar nicht zu ihnen passen. Sie sagen Sätze wie: „Ich sollte mehr Sport machen", „Ich müsste endlich abnehmen" oder „Ich will endlich produktiver sein". Doch diese Formulierungen deuten schon an, dass das Ziel nicht aus einem echten Wollen, sondern aus einem inneren Druck entsteht. Sie klingen nach Pflicht, nicht nach Begeisterung. Ein gutes Ziel hingegen aktiviert, inspiriert und motiviert. Es lässt uns aufstehen mit einem inneren Lächeln, weil wir spüren: Das ist es wert, dafür gehe ich los.

Ein weiteres wichtiges Kriterium für ein gutes Ziel ist seine Konkretheit. Vage Wünsche wie „Ich will glücklicher sein" oder „Ich möchte erfolgreicher werden" helfen kaum weiter, solange nicht klar ist, was genau damit gemeint ist. Was bedeutet Glück für dich? Was macht Erfolg in deinem Leben aus? Ein gutes Ziel ist messbar und überprüfbar. Du kannst klar sagen, wann du es erreicht hast und woran du es erkennst. Nur dann kann ein Ziel auch zur Grundlage für dein Handeln werden.

Ein gutes Ziel enthält deshalb nicht nur das *Was*, sondern auch das *Wie*, *Wann*, *Wo* und *Warum*. Wenn diese Fragen beantwortet sind, wird aus einem vagen Wunsch ein umsetzbarer Plan. Du weißt, worauf du dich fokussierst, welche Schritte nötig sind und welche Ressourcen du dafür benötigst. Das macht einen riesigen Unterschied in der Motivation. Denn Menschen werden dann aktiv, wenn sie Klarheit haben, nicht, wenn sie im Nebel stochern.

Hinzu kommt der emotionale Wert eines Ziels. Wie stark berührt dich das Ziel? Löst es ein Kribbeln aus, wenn du daran denkst? Oder bleibt es eine leere Worthülse? Nur Ziele, die auch emotional aufgeladen sind, erzeugen eine tiefe, nachhaltige Motivation. Und genau diese emotionale Verbindung ist oft der entscheidende Unterschied zwischen Dranbleiben und Aufgeben. Wenn ein Ziel dich nicht wirklich berührt, wird es schwierig, in schwierigen

Momenten durchzuhalten. Die Frage „Warum ist mir dieses Ziel wichtig?" ist daher zentral. Wer sein Warum kennt, findet immer ein Wie.

Viele Ziele scheitern nicht an mangelnder Disziplin, sondern an mangelnder Bedeutung. Menschen geben nicht auf, weil sie zu wenig Willenskraft haben, sondern weil sie sich für ein Ziel entschieden haben, das sie nicht wirklich wollen. Deshalb ist es so wichtig, sich regelmäßig Zeit für Selbstreflexion zu nehmen. Was treibt mich an? Welche Sehnsüchte trage ich in mir? Welche Werte sind mir wirklich wichtig? Diese Fragen öffnen den Raum für echte Ziele, die aus dem Herzen kommen.

Ein gutes Ziel ist herausfordernd, aber erreichbar. Es bringt dich über deine Komfortzone hinaus, lässt dich wachsen und neue Fähigkeiten entwickeln. Gleichzeitig bleibt es realistisch. Wenn ein Ziel zu groß erscheint, erzeugt es Druck statt Motivation. In solchen Fällen ist es hilfreich, das Ziel in kleinere Etappen zu gliedern. Jeder kleine Schritt, der gelingt, stärkt das Vertrauen in den Weg und in die eigene Kraft. So entsteht Motivation durch Erfahrung, nicht nur durch Theorie.

Viele Menschen setzen sich große Ziele und scheitern am Alltag. Sie haben keine konkreten Zeiträume definiert, keine Routinen etabliert, keine Ressourcen eingeplant. Ein gutes Ziel braucht deshalb einen klaren Rahmen. Wann genau beginnst du? Welche Schritte machst du in der ersten Woche? Wie überprüfst du deinen Fortschritt? Wer oder was hilft dir dabei, dranzubleiben? Die

Umsetzung ist keine Frage des Willens allein, sondern auch der Organisation.

Auch das soziale Umfeld spielt eine große Rolle. Wer sind die Menschen, die dich unterstützen? Wer könnte dich vielleicht sogar unbewusst ausbremsen? Gibt es Menschen, mit denen du dein Ziel teilen willst, um dich gemeinsam zu motivieren? Oder brauchst du gerade einen geschützten Raum, in dem du dich entwickeln kannst, ohne äußeren Druck? Diese Fragen helfen, ein unterstützendes Umfeld zu gestalten, das deinem Ziel nicht im Weg steht, sondern es fördert.

Ein gutes Ziel lebt von der Verbindung zwischen Klarheit und Flexibilität. Klarheit bedeutet, dass du weißt, was du willst. Flexibilität bedeutet, dass du bereit bist, den Weg anzupassen, wenn sich die Umstände ändern. Manchmal zeigt sich erst im Gehen, was du wirklich brauchst. Vielleicht verändert sich dein Ziel, weil du dich veränderst. Vielleicht wird etwas Neues sichtbar, das vorher nicht möglich war. Ein gutes Ziel ist deshalb kein starrer Plan, sondern eine lebendige Vision.

Es gibt auch Ziele, die zunächst fremd wirken, aber im Laufe der Zeit zu eigenen Herzenszielen werden. Manchmal wachsen wir in ein Ziel hinein. Es beginnt vielleicht als äußere Anforderung, entwickelt sich aber durch Erfahrung und Erkenntnis zu etwas, das uns wirklich wichtig wird. Auch das ist möglich. Entscheidend ist, dass du regelmäßig prüfst: Gehört dieses Ziel noch zu mir? Dient es mir oder belastet es mich?

Ein gutes Ziel ist kein Mittel zur Selbstoptimierung um jeden Preis. Es dient nicht dazu, sich selbst unter Druck zu setzen oder ständig „besser" werden zu müssen. Es darf auch aus Freude entstehen, aus Neugier, aus Leichtigkeit. Ziele dürfen spielerisch sein. Sie dürfen Spaß machen. Ein Ziel, das dich begeistert, ist oft wirksamer als eines, das dich diszipliniert. Begeisterung ist eine stärkere Triebkraft als Pflichtgefühl.

Ein weiterer Aspekt, der oft übersehen wird: Ein gutes Ziel berücksichtigt auch, was passiert, wenn du es erreichst. Wie wird sich dein Leben verändern? Welche Konsequenzen hat das für dich und für andere? Ist der Preis, den du zahlst, in einem guten Verhältnis zum Gewinn? Diese Fragen helfen dir, dein Ziel in einen größeren Zusammenhang einzuordnen. Denn ein Ziel ist nie nur ein persönliches Vorhaben. Es wirkt sich aus auf deine Beziehungen, deine Gesundheit, deine Zeit.

Ein gutes Ziel ist im besten Fall ein Ausdruck deiner Identität. Es spiegelt wider, wer du bist und wer du sein möchtest. Es bringt das zum Ausdruck, was dich wirklich ausmacht. Und genau deshalb ist es so kraftvoll. Wenn du dich in deinem Ziel wiedererkennst, entsteht eine tiefe Verbindung. Du handelst nicht gegen dich, sondern in Übereinstimmung mit dir selbst.

Ein gutes Ziel kann der Anfang einer neuen Geschichte sein. Es kann dich einladen, mutiger zu werden, neue Wege zu gehen, Altes loszulassen. Es kann dich verwandeln. Und oft ist es genau das, was wir uns insgeheim

wünschen: nicht nur einen Erfolg, sondern eine Veränderung, die uns tiefer mit uns selbst in Kontakt bringt.

Reflexionsfragen:

- Was in deinem Leben fühlt sich aktuell wie ein
  echtes Herzensziel an?
- In welchen Bereichen verfolgst du vielleicht Ziele,
  die nicht (mehr) zu dir passen?
- Wie konkret und überprüfbar sind deine derzeiti-
  gen Ziele formuliert?
- Was müsste sich verändern, damit du mit mehr
  Freude und Klarheit an deinen Zielen arbeitest?
- Wer oder was unterstützt dich dabei, dranzublei-
  ben?
- Welche Bedeutung hat dein Ziel für dich und dein
  Umfeld?

Ein gutes Ziel ist wie ein Leuchtturm in stürmischer See.
Es gibt Orientierung, auch wenn die Wellen hochschla-
gen. Es verbindet dich mit dem, was dir wirklich wichtig
ist. Es motiviert dich nicht nur heute, sondern auch noch
morgen. Es ist konkret, emotional bedeutsam, herausfordernd und erreichbar. Es wächst mit dir, weil es nicht
starr ist, sondern lebendig. Wer sich ein solches Ziel
setzt, hat mehr als nur einen Plan, er hat einen Weg, der
wirklich zählt.

Ziele vs. Wünsche

Wünsche sind der Anfang von allem. Sie sind die zarten Impulse unseres Innersten, die uns zeigen, was wir brauchen, was wir vermissen und was wir uns erhoffen. Sie entstehen oft leise, manchmal mitten im Alltag, manchmal in Momenten des Rückzugs oder nach einer Enttäuschung. Ein Wunsch kann etwas sein, das wir kaum in Worte fassen können: ein Gefühl, eine Ahnung, ein inneres Bild. Doch ein Wunsch allein verändert noch nichts. Erst wenn wir ihn verwandeln, präzisieren und konkretisieren, wird daraus ein Ziel. Und genau in dieser Verwandlung liegt die Kraft der Veränderung.

Viele Menschen tragen eine Vielzahl von Wünschen in sich. Manche davon begleiten uns ein Leben lang. Andere tauchen plötzlich auf, weil sich äußere Umstände verändern oder weil uns ein Moment der Klarheit trifft. Wünsche sind empfindlich gegenüber Zweifeln, schnell verunsichert von äußeren Stimmen oder innerem Perfektionismus. Wenn wir nicht achtsam mit ihnen umgehen, versanden sie. Sie verlieren sich in der Geschäftigkeit des Alltags oder verschwinden unter Schichten von Ablenkung. Umso wichtiger ist es, dass wir lernen, unsere Wünsche zu erkennen, ernst zu nehmen und mit Klarheit zu prüfen, ob daraus ein echtes Ziel entstehen soll.

Der entscheidende Unterschied zwischen einem Wunsch und einem Ziel ist die Handlung. Ein Wunsch bleibt theoretisch. Ein Ziel wird praktisch. Ein Wunsch lebt im Konjunktiv mit Formulierungen wie „ich würde gern", „ich hätte gerne" oder „ich könnte mir vorstellen". Ein Ziel lebt im Präsens und im aktiven Tun. Es sagt: Ich mache. Ich beginne. Ich verändere. Und das bedeutet: Ich übernehme Verantwortung.

Verantwortung ist ein zentrales Element auf dem Weg vom Wunsch zum Ziel. Denn solange ich in der Welt der Wünsche bleibe, trage ich keine Konsequenz. Ich kann mich jederzeit zurückziehen, neu träumen oder etwas anderes wünschen. Das ist bequem, aber auch frustrierend. Denn gleichzeitig wächst mit jedem nicht umgesetzten Wunsch das Gefühl, nicht voranzukommen. Viele Menschen fühlen sich müde und innerlich leer, weil sie über Jahre hinweg Wünsche mit sich herumtragen, ohne in die Umsetzung zu gehen. Sie spüren, dass etwas fehlt, wissen aber nicht genau was. Oft liegt die Antwort genau hier: Es fehlt die bewusste Entscheidung für ein Ziel.

Ein Ziel bringt Klarheit. Es stellt Fragen wie: Was genau will ich? Wann will ich es? Woran erkenne ich, dass ich es erreicht habe? Was bin ich bereit zu investieren? Diese Fragen sind unbequem und gleichzeitig befreiend. Denn sie beenden das endlose Grübeln und eröffnen eine neue Perspektive: die Perspektive des Machens. Plötzlich rückt die Möglichkeit ins Blickfeld. Der Weg wird sichtbar. Die ersten Schritte zeichnen sich ab.

Doch warum fällt es so vielen schwer, sich klare Ziele zu setzen? Oft hat es mit Angst zu tun. Angst davor, zu scheitern. Angst, sich festzulegen. Angst, dass das Ziel nicht das bringt, was man sich erhofft. Und manchmal auch die Angst vor der eigenen Größe. Denn wer ein Ziel erreicht, wächst. Und Wachstum bedeutet Veränderung. Es kann sein, dass Beziehungen sich verschieben, dass neue Erwartungen entstehen oder dass alte Gewohnheiten nicht mehr passen. Diese möglichen Veränderungen halten viele davon ab, ihre Wünsche konkret zu formulieren. Es erscheint sicherer, im Ungefähren zu bleiben. Doch genau dieses Ungefähre verhindert Entwicklung.

Ein Ziel zu setzen bedeutet, sich selbst und das Leben ernst zu nehmen. Es bedeutet, nicht mehr darauf zu warten, dass sich die Umstände ändern, sondern selbst zu handeln. Diese Entscheidung kann leise sein oder kraftvoll, geplant oder intuitiv. Doch in jedem Fall verändert sie das eigene Erleben grundlegend. Wer ein Ziel verfolgt, schaut anders auf seinen Tag. Er fragt sich: Was bringt mich meinem Ziel näher? Was hindert mich? Welche Ressourcen habe ich? So entsteht ein innerer Fokus, der Klarheit und Struktur schafft.

Ein Wunsch ist oft wie ein schöner Gedanke, der an der Oberfläche bleibt. Ein Ziel hingegen hat Tiefe. Es bringt Konsequenz mit sich. Deshalb muss nicht jeder Wunsch automatisch zu einem Ziel werden. Es ist erlaubt, sich auch Wünsche zuzugestehen, die nicht umgesetzt werden müssen. Manche Wünsche dürfen einfach Wünsche bleiben. Aber die entscheidenden Fragen lauten: Welche meiner Wünsche sind so bedeutsam, dass ich bereit bin, dafür zu handeln? Welcher Wunsch verdient es, zu einem Ziel zu werden?

Dieser Prozess beginnt mit Ehrlichkeit. Denn manchmal merken wir erst beim genaueren Hinsehen, dass ein Wunsch gar nicht wirklich aus uns selbst kommt. Vielleicht wurde er uns durch Medien, Familie oder gesellschaftliche Normen eingegeben. Vielleicht dachten wir lange, wir müssten ein bestimmtes Ziel verfolgen, um anerkannt zu sein. Doch wenn wir still werden und in uns hineinspüren, erkennen wir: Das bin gar nicht ich. Und genau hier liegt eine große Chance. Denn sobald du weißt, was du wirklich willst, kannst du beginnen, deine Ziele aus dir selbst heraus zu gestalten.

Ein starkes Ziel braucht ein starkes Warum. Es braucht die Verbindung zu deinen inneren Werten, zu deiner Lebensvision. Nur dann entfaltet es die Energie, die dich durch schwierige Phasen trägt. Wenn du dein Ziel klar vor Augen hast und gleichzeitig spürst, warum es dir so wichtig ist, entsteht eine tiefe Motivation. Diese Motivation ist kein kurzfristiger Antrieb, sondern ein nachhaltiges inneres Feuer. Natürlich gibt es auch Rückschläge. Auch Ziele, die aus echten Wünschen entstehen, bringen Herausforderungen mit sich. Es wird Tage geben, an denen du zweifelst, frustriert bist oder die Richtung verlierst. Doch genau hier zeigt sich die Qualität eines Ziels. Denn wenn du weißt, warum du losgegangen bist, wirst du immer wieder aufstehen. Du wirst dich erinnern, was dich trägt. Du wirst den nächsten Schritt gehen, nicht perfekt, aber bewusst.

Wünsche und Ziele stehen nicht im Widerspruch. Im Gegenteil: Sie gehören zusammen. Der Wunsch ist der Anfang. Das Ziel ist der Weg. Wer sich erlaubt zu wünschen und gleichzeitig die Verantwortung übernimmt, aus dem Wunsch ein Ziel zu machen, lebt in einer Haltung des inneren Wachstums. Diese Haltung ist nicht kontrollierend, sondern gestaltend. Sie erlaubt dir, dein Leben aktiv zu prägen.

Ziele sind wie Leitplanken für deine Entwicklung. Sie helfen dir, deine Energie zu bündeln. Sie geben deinem Tag Struktur, deinem Tun Sinn und deinem Leben Richtung. Doch das gelingt nur, wenn du dich bewusst für diesen Weg entscheidest. Und diese Entscheidung beginnt heute. Nicht morgen, nicht später, nicht irgendwann. Sondern jetzt. Denn genau dieser Moment ist der Anfang von allem.

Reflexionsfragen:

- Welche Wünsche trägst du schon lange mit dir und hast bisher nicht konkretisiert?
- In welchen Lebensbereichen bleibst du im Wünschen, obwohl du eigentlich ins Handeln gehen möchtest?
- Welche inneren Blockaden hindern dich daran, aus einem Wunsch ein Ziel zu machen?
- Welches Ziel ist so wichtig, dass du bereit bist, dich ganz darauf einzulassen?
- Wie kannst du dein Warum stärken, um motiviert zu bleiben?

- Was wäre der erste kleine Schritt, um aus einem Wunsch ein konkretes Ziel werden zu lassen?

Ein Wunsch ist eine Stimme der Sehnsucht. Ein Ziel ist die Antwort darauf. Wer bereit ist, aus Wünschen echte Ziele zu machen, bringt Bewegung ins eigene Leben. Bewegung bedeutet nicht immer Geschwindigkeit, aber immer Richtung. Du musst nicht alles sofort wissen, aber du darfst beginnen. Heute. Mit einem Wunsch, den du ernst nimmst. Mit einer Entscheidung, die du triffst. Und mit dem Mut, dich selbst auf deinem Weg zu begleiten.

Die Kraft innerer Bilder

Bevor ein Ziel in der äußeren Welt sichtbar wird, entsteht es in der inneren. Es beginnt als Gedanke, als Ahnung, als Wunsch oder Vision. Diese innere Vorstellung formt sich zu einem Bild, das mehr ist als ein flüchtiger Gedanke. Es ist der emotionale Kern dessen, was uns antreibt. Dieses Bild hat Macht, denn es berührt nicht nur unseren Verstand, sondern vor allem unser Herz. Innere Bilder sind die Sprache unseres Unterbewusstseins. Sie können motivieren, stabilisieren, inspirieren und verändern. Wer sich diese Kraft zunutze macht, lernt, das Unsichtbare zur Wirklichkeit zu führen.

Jeder Mensch denkt in Bildern. Wir erinnern uns in Bildern. Wir träumen in Bildern. Wir blicken in die Zukunft und stellen uns vor, wie Dinge sein könnten. Diese inneren Szenen laufen oft unbewusst ab. Doch wenn wir beginnen, sie bewusst zu gestalten, entsteht ein machtvolles Werkzeug zur Zielverwirklichung. Denn ein Bild hat die Fähigkeit, mehr auszulösen als eine reine Absichtserklärung. Ein Bild ist fühlbar. Es bewegt. Es bleibt.

Die Kraft innerer Bilder liegt nicht nur in ihrer emotionalen Tiefe, sondern auch in ihrer Wirkung auf unsere innere Ausrichtung. Wenn wir ein klares Zielbild vor Augen haben, verändert sich unsere Wahrnehmung. Plötzlich erkennen wir Gelegenheiten, die wir vorher übersehen haben. Unser Fokus richtet sich neu aus. Wir nehmen Informationen auf, die zur Zielerreichung beitragen, und blenden gleichzeitig vieles aus, was uns ablenken könnte. Das ist keine Magie, sondern ein natürlicher Mechanismus unseres Gehirns. Es richtet seine Aufmerksamkeit auf das, was für uns Bedeutung hat.

Wer sich regelmäßig mit seinem inneren Zielbild verbindet, trainiert nicht nur sein Vorstellungsvermögen, sondern auch seine emotionale Ausdauer. Denn mit jedem innerlich durchlebten Erfolg wächst das Gefühl der Machbarkeit. Aus einem vagen Wunsch wird eine erlebbare Realität. Selbst wenn die äußeren Umstände noch nicht verändert sind, beginnt im Inneren bereits der Wandel. Das Bild wirkt wie ein Samenkorn, das nach und nach Kraft entfaltet.

Dabei ist es entscheidend, dass das innere Bild stimmig und glaubwürdig ist. Es darf ruhig groß sein, aber es muss für dich erreichbar erscheinen. Wenn du dir etwas vorstellst, das völlig losgelöst von deiner Lebensrealität ist, erzeugt das eher Zweifel als Motivation. Du beginnst, innerlich zu widersprechen. Und genau das schwächt die Wirkung. Deshalb ist es sinnvoll, dein Zielbild so zu gestalten, dass es dir entspricht. Es darf dich fordern, aber nicht überfordern. Es soll dich inspirieren, nicht erdrücken.

Ein kraftvolles inneres Bild hat viele Ebenen. Es zeigt nicht nur, was du erreichen willst, sondern auch, wie du dich dabei fühlst, wie du wirkst, was dich umgibt. Du siehst dich in deiner Zielerreichung. Du hörst vielleicht Stimmen, erlebst Reaktionen, spürst Stolz, Erleichterung oder Freude. All diese Sinneseindrücke machen das Bild lebendig. Und genau diese Lebendigkeit verankert es tief in deinem Inneren.

Es ist hilfreich, sich täglich mit diesem Bild zu verbinden. Vielleicht am Morgen, bevor der Tag beginnt. Oder am Abend, bevor du zur Ruhe kommst. Schon wenige Minuten reichen aus, um dich innerlich neu auszurichten. Dabei geht es nicht darum, etwas zu erzwingen, sondern darum, Raum zu schaffen für deine Vision. Je öfter du dich in deinem Zielzustand erlebst, desto selbstverständlicher wird er. Das wirkt sich nicht nur auf dein Denken aus, sondern auch auf dein Verhalten.

Innere Bilder wirken besonders stark, wenn sie mit einem echten Gefühl verknüpft sind. Es reicht nicht, ein Ziel technisch zu beschreiben. Entscheidend ist, ob du es spürst. Ob es in dir ein warmes, kraftvolles, aufgerichtetes Gefühl auslöst. Denn Gefühle sind die Träger deiner Motivation. Wenn du innerlich berührt bist, wächst deine Bereitschaft zum Handeln. Dann wirst du aktiv, nicht weil du musst, sondern weil du willst.

Ein weiterer Aspekt, der die Wirkung innerer Bilder verstärkt, ist der Dialog mit deinem Zukunftsbild. Du kannst dich fragen: Was würde mein zukünftiges Ich mir heute raten? Welche Haltung hat es mir gegenüber? Was hat diese Person gelernt, überwunden oder entdeckt? Solche inneren Gespräche bringen eine neue Qualität in die Arbeit mit Bildern. Du beginnst, dich selbst in einer weiterentwickelten Form zu erleben. Und dieses Erleben wirkt zurück auf deine Gegenwart.

Die Kraft innerer Bilder ist nicht auf Erfolgserlebnisse beschränkt. Sie kann dir auch helfen, mit Rückschlägen umzugehen. Wenn du dir vorstellst, wie du nach einem Scheitern wieder aufstehst, wie du lernst, reflektierst und neu beginnst, stärkst du deine Resilienz. Du bereitest dich innerlich auf Herausforderungen vor, ohne dich davon einschüchtern zu lassen. Dein Bild wird dadurch realistischer, menschlicher und glaubwürdiger.

Auch die Sprache, mit der du dein inneres Bild begleitest, hat Bedeutung. Wenn du während der Visualisierung Sätze denkst wie: „Ich bin bereit", „Ich vertraue mir", „Ich gehe Schritt für Schritt", stärkst du die emotionale Verbindung zu deinem Bild. Solche Affirmationen sind keine leeren Phrasen, wenn sie aus der Tiefe kommen. Sie wirken wie ein innerer Verstärker. Sie verbinden das Bild mit deinem Glauben an dich selbst.

Du kannst auch mit sogenannten Brückenbildern arbeiten. Das sind Vorstellungen, wie du erste Schritte in Richtung deines Zieles gehst. Du stellst dir vor, wie du ein wichtiges Gespräch führst, einen Antrag abschickst, eine Idee aussprichst oder eine erste Handlung vornimmst. Solche Brückenbilder helfen dir, den Weg zwischen Vision und Handlung zu überbrücken. Sie machen den ersten Schritt konkret. Und genau dieser erste Schritt ist oft der schwerste.

Ein besonderes Potenzial entfalten innere Bilder in Verbindung mit kreativen Techniken. Du kannst sie zeichnen, malen, als Collage gestalten oder in Worten beschreiben. Manche Menschen schreiben kleine Geschichten über ihr Zukunfts-Ich. Andere arbeiten mit Symbolen oder Bildern aus Zeitschriften. Auch Musik kann helfen, bestimmte Emotionen mit dem Zielbild zu verknüpfen. Entscheidend ist, dass du einen Zugang findest, der dich berührt. Es geht nicht um Perfektion, sondern um Echtheit.

Innere Bilder haben auch eine soziale Dimension. Du kannst sie mit Menschen teilen, denen du vertraust. Erzähle von deiner Vision, beschreibe, was du siehst, was du fühlst, was dich bewegt. Manchmal hilft es, das Bild laut auszusprechen, um es noch greifbarer zu machen. Wenn du merkst, dass dein Gegenüber inspiriert reagiert, wird dein Bild stärker. Es bekommt Resonanz, und das verstärkt die Verbindung zu deinem Ziel.

Natürlich gibt es auch innere Bilder, die dich blockieren. Vielleicht siehst du dich scheitern, wirst ausgelacht, verlierst etwas. Solche Bilder sind ernst zu nehmen. Sie zeigen dir, wo Ängste oder alte Erfahrungen wirken. Doch du bist nicht diesen Bildern ausgeliefert. Du kannst sie bewusst verändern. Du kannst dir zum Beispiel vorstellen, wie du trotz der Angst weitergehst, wie du Unterstützung findest, wie du über dich hinauswächst. Auch das sind innere Filme, die dein Verhalten beeinflussen.

Reflexionsfragen:

- Welche inneren Bilder begleiten dich im Alltag, und wie wirken sie auf dich?
- Welches Bild hast du von dir selbst im Zustand deines Zielerreichens?
- Wie oft nimmst du dir bewusst Zeit, um dich mit deiner Vision zu verbinden?
- Welche konkreten Sinneseindrücke gehören zu deinem stärksten Zielbild?
- Wie könntest du dein inneres Bild kreativ festhalten oder sichtbar machen?
- Welche hinderlichen Bilder tauchen auf und wie möchtest du sie verändern?

Ein Ziel beginnt im Kopf, aber es wächst im Herzen. Das Bild, das du von deiner Zukunft in dir trägst, ist mehr als Fantasie. Es ist eine Einladung an dein gegenwärtiges Ich, sich zu entwickeln. Wenn du dieses Bild ernst nimmst, mit ihm arbeitest, es stärkst und nährst, entsteht eine Richtung. Diese Richtung schenkt dir Orientierung, Kraft und Sinn. Und genau darin liegt die wahre Macht innerer Bilder: Sie holen die Zukunft in die Gegenwart und machen aus deiner Vorstellung ein neues Erleben.

Motivation aus dem Inneren schöpfen

Wer sich Ziele setzt, möchte sie auch erreichen. Doch zwischen Wunsch und Verwirklichung liegt ein Weg, der nicht immer gerade verläuft. Es gibt Phasen voller Energie, in denen alles leicht erscheint, aber auch solche, in denen Selbstzweifel, Müdigkeit oder Widerstände den Fortschritt bremsen. Genau in diesen Momenten zeigt sich, woher unsere Motivation kommt. Wer sie nur aus äußeren Quellen bezieht, wird früher oder später ins Straucheln geraten. Denn äußere Anreize können hilfreich sein, doch sie sind nicht dauerhaft tragfähig. Wahre, tragende Motivation entsteht in deinem Inneren. Sie ist nicht abhängig von Applaus, Anerkennung oder Belohnung. Sie entsteht aus dem, was du wirklich willst, aus dem, was dich ausmacht, aus dem, was dir Sinn gibt.

Innere Motivation ist der Motor, der dich auch dann weiterträgt, wenn es schwer wird. Sie ist leise, aber kraftvoll. Sie flackert nicht wie eine Kerze im Wind, sondern brennt wie ein tiefes Feuer. Dieses Feuer muss nicht laut sein. Es muss nicht beeindrucken oder sichtbar sein. Aber es wärmt dich von innen. Es schenkt dir Ausdauer, Klarheit und Richtung. Wenn du lernst, mit dieser inneren Quelle in Verbindung zu bleiben, wirst du entdecken, dass du mehr Kraft hast, als du manchmal glaubst.

Viele Menschen versuchen, sich von außen zu motivieren. Sie setzen sich Belohnungen, suchen nach Anerkennung, vergleichen sich mit anderen oder setzen sich unter Druck. Das kann kurzfristig funktionieren, doch es hat seinen Preis. Denn sobald die äußeren Reize verschwinden, bricht auch die Motivation zusammen. Dann bleibt oft ein Gefühl von Leere oder Frust. Wahre Motivation hingegen entsteht, wenn du dich mit deinem inneren Warum verbindest. Wenn du nicht fragst, was du erreichen musst, sondern was du erleben willst. Wenn du nicht funktionierst, sondern spürst.

Die Frage nach dem Warum ist der Schlüssel zur inneren Motivation. Warum ist dir dieses Ziel wichtig? Was bedeutet es für dich? Was steht auf dem Spiel, wenn du es nicht verfolgst? Was verändert sich, wenn du es erreichst? Solche Fragen gehen tiefer als eine Checkliste. Sie bringen dich in Kontakt mit dem, was dich ausmacht. Mit deinen Werten, deinen Erfahrungen, deinen Träumen. Wenn du auf diese Weise mit deinem Ziel verbunden bist, entsteht eine Motivation, die nicht mehr davon abhängt, ob dir jemand zusieht oder dich lobt. Sie kommt aus dir selbst.

Oft glauben wir, Motivation sei etwas, das wir entweder haben oder nicht. Doch Motivation ist kein Zufall. Sie ist das Ergebnis innerer Ausrichtung. Du kannst sie beeinflussen, indem du dich regelmäßig mit deinen Werten, deinen Visionen und deinen Fortschritten verbindest. Es ist wie bei einem inneren Gespräch, das du immer wieder neu führen darfst. Du erinnerst dich selbst daran, warum du unterwegs bist. Du sprichst dir Mut zu. Du erlaubst dir, stolz zu sein auf das, was du bereits erreicht hast. Und du bleibst liebevoll, auch wenn es gerade nicht so läuft.

Innere Motivation braucht nicht nur Richtung, sondern auch Verbindung. Du musst dein Ziel fühlen können. Wenn es sich fremd anfühlt, wird dein Inneres nicht mitgehen. Dann entsteht innerer Widerstand, der dich blockiert. Deshalb ist es wichtig, dass du dein Ziel so formulierst und gestaltest, dass es sich für dich richtig anfühlt. Es darf herausfordernd sein, aber nicht überfordernd. Es darf groß sein, aber nicht überwältigend. Du musst dich selbst darin wiedererkennen. Erst dann kann Motivation wachsen.

Ein weiteres Element innerer Motivation ist Selbstbestimmung. Wer das Gefühl hat, ein Ziel wirklich aus freiem Willen zu verfolgen, bleibt eher dran. Wer sich hingegen fremdgesteuert fühlt, verliert schnell die Lust. Deshalb ist es entscheidend, dass du deine Ziele selbst wählst. Auch wenn es äußere Anforderungen gibt, kannst du immer fragen: Wie möchte ich mich darin einbringen? Was kann ich daraus machen? Welche Bedeutung will ich diesem Weg geben? Sobald du spürst, dass du selbst gestaltest, wächst auch dein innerer Antrieb.

Motivation aus dem Inneren zu schöpfen bedeutet auch, sich mit den eigenen Ressourcen zu verbinden. Was hat dir in der Vergangenheit geholfen, dranzubleiben? Welche Stärken kannst du in diesem Prozess nutzen? Welche Menschen geben dir Rückhalt, ohne dich zu kontrollieren? Wenn du erkennst, dass du schon viele schwierige Situationen gemeistert hast, wächst das Vertrauen in deine Fähigkeit, auch dieses Ziel zu erreichen. Du beginnst, dich als handlungsfähig zu erleben. Und dieses Gefühl ist einer der stärksten Motivatoren überhaupt.

Es gibt Tage, an denen die Motivation nachlässt. Das ist nicht nur normal, sondern auch menschlich. Der entscheidende Punkt ist, wie du damit umgehst. Wenn du deine Motivation nur als Gefühl verstehst, das du haben oder verlieren kannst, wirst du dich in solchen Momenten ohnmächtig fühlen. Wenn du Motivation hingegen als Entscheidung begreifst, kannst du auch dann handeln, wenn das Gefühl gerade fehlt. Du gehst den nächsten kleinen Schritt. Du bleibst verbunden mit deinem Warum. Du erinnerst dich daran, dass du nicht perfekt sein musst, sondern auf dem Weg bist.

Oft hilft es, sich selbst die Frage zu stellen: Was kann ich heute tun, das mich meinem Ziel ein Stück näherbringt? Nicht: Was müsste ich alles tun, um perfekt zu sein? Sondern: Welcher kleine Schritt ist heute möglich? Diese Haltung der Selbstzuwendung und des realistischen Handelns stärkt deine innere Motivation. Denn sie gibt dir das Gefühl, wirksam zu sein. Und dieses Gefühl bringt dich weiter als jeder Druck von außen.

Motivation aus dem Inneren entsteht auch dann, wenn du dich mit Menschen umgibst, die dich ermutigen, statt dich zu bewerten. Wenn du dich austauschst mit anderen, die ebenfalls auf dem Weg sind, entsteht ein Gefühl von Gemeinschaft. Du bist nicht allein. Du bist Teil eines größeren Zusammenhangs. Und diese Verbundenheit nährt deine Motivation. Du musst nicht alles selbst wissen oder schaffen. Aber du darfst dich zeigen, fragen, wachsen.

Auch Dankbarkeit kann eine Quelle innerer Motivation sein. Wenn du dich regelmäßig daran erinnerst, was bereits da ist, was funktioniert, was gelungen ist, wächst dein Vertrauen. Du wirst freundlicher mit dir selbst. Du erkennst, dass du auf einem Weg bist, der nicht nur aus Zielen, sondern auch aus Erfahrungen besteht. Und genau dieses Erleben stärkt die Bereitschaft, weiterzugehen. Nicht weil du musst, sondern weil du darfst.

Innere Motivation ist kein ständiger Hochzustand. Sie ist eher wie ein ruhiger Fluss. Mal kräftig, mal sanft, aber immer in Bewegung. Wenn du lernst, ihr zu vertrauen, wirst du merken, dass du auch in schwierigen Phasen getragen wirst. Du brauchst nicht immer voller Energie sein. Es genügt, wenn du verbunden bleibst mit dir selbst. Mit deinem Ziel. Mit deinem Warum.

Reflexionsfragen:

- Was ist dein tiefstes Warum für das Ziel, das du verfolgst?
- Welche deiner persönlichen Werte spiegeln sich in deinem Ziel wider?
- In welchen Momenten fühlst du dich innerlich motiviert – und was ist dann anders?

- Welche äußeren Motivationsquellen brauchst du vielleicht gar nicht mehr?
- Was hat dir in der Vergangenheit geholfen, dranzubleiben, auch wenn es schwierig wurde?
- Wie kannst du deine Motivation im Alltag bewusst stärken und pflegen?

Wenn du lernst, deine Motivation aus dem Inneren zu schöpfen, wirst du unabhängiger von äußeren Meinungen und Reizen. Du findest deinen eigenen Rhythmus, deinen eigenen Takt. Du gehst deinen Weg nicht, weil du dich selbst antreibst, sondern weil du ihn wirklich willst. Du bewegst dich nicht aus Druck, sondern aus innerer Klarheit. Und genau diese innere Kraft macht dich frei. Sie macht dich echt. Und sie bringt dich deinen Zielen näher als jeder äußere Anreiz es je könnte.

Werte als Fundament

Wenn wir über Ziele sprechen, über Veränderung, Entwicklung oder Erfolg, dann darf ein Aspekt niemals fehlen: unsere Werte. Sie sind der Ursprung unserer Motivation, der innere Boden, auf dem jedes echte Ziel wachsen kann. Werte sind nicht immer sichtbar, aber sie wirken in allem, was wir denken, fühlen und tun. Sie prägen unsere Entscheidungen, unsere Beziehungen, unsere Art zu leben. Und sie entscheiden darüber, ob wir uns mit unseren Zielen verbunden fühlen oder ob wir nur hinter etwas herlaufen, das uns innerlich leer lässt.

Viele Menschen setzen sich Ziele, weil sie etwas erreichen wollen. Sie wollen mehr Geld, mehr Anerkennung, mehr Freiheit oder einfach ein besseres Lebensgefühl. Doch wenn die Ziele nicht auf einem stabilen Wertefundament stehen, verlieren sie früher oder später an Kraft. Denn dann fehlt der tiefere Sinn. Dann fehlt das Warum, das uns durch schwierige Phasen trägt. Ein Ziel kann noch so realistisch und gut geplant sein. Wenn es nicht zu deinen innersten Überzeugungen passt, wird es dich nicht erfüllen.

Werte sind das, was dir im Leben wirklich wichtig ist. Sie sind keine schönen Worte für ein Poster, sondern tief empfundene Prinzipien, nach denen du leben willst. Sie zeigen sich in deinen Reaktionen, in deinen Prioritäten, in deiner inneren Stimme. Vielleicht ist dir Vertrauen wichtig oder Freiheit. Vielleicht steht bei dir Sinnhaftigkeit im Mittelpunkt oder Liebe, Entwicklung,

Gerechtigkeit oder Mut. Welche es auch sind, sie wirken wie ein inneres Navigationssystem.

Wenn du deine Werte kennst, erkennst du auch, warum bestimmte Ziele dich inspirieren und andere nicht. Du spürst sofort, ob ein Ziel nur eine oberflächliche Idee ist oder ob es dich wirklich betrifft. Und diese Unterscheidung ist wesentlich, denn sie entscheidet darüber, wie viel Energie du investieren wirst. Ein Ziel, das sich auf deine Werte stützt, erzeugt eine Sogwirkung. Es zieht dich fast von allein in Bewegung. Du brauchst dann weniger Druck und weniger Disziplin, weil du das Gefühl hast, dass du deinem Wesen treu bleibst.

Viele Menschen leben jedoch jahrelang an ihren Werten vorbei. Nicht weil sie es wollen, sondern weil sie sie nicht wirklich kennen. Sie haben gelernt, sich anzupassen, Erwartungen zu erfüllen oder Konflikte zu vermeiden. In diesem Anpassungsprozess gehen oft die eigenen Werte verloren. Irgendwann spüren sie: Etwas fehlt. Sie fühlen sich leer, fremdbestimmt oder innerlich orientierungslos. Genau in solchen Momenten lohnt sich ein bewusster Blick auf die eigenen Werte. Denn wer seine Werte wiederentdeckt, findet zu sich selbst zurück.

Wertearbeit ist keine abstrakte Übung, sondern eine zutiefst lebensnahe Praxis. Du kannst damit beginnen, indem du dir Fragen stellst wie: Wann war ich zuletzt wirklich erfüllt? In welcher Situation war ich ganz in meiner Kraft? Was hat mir das Gefühl gegeben, dass ich genau am richtigen Ort bin? Solche Momente sind keine

Zufälle. Sie zeigen dir, dass du im Einklang mit deinen Werten gelebt hast.

Genauso kannst du auch umgekehrt fragen: In welchen Situationen hast du dich geärgert, enttäuscht oder tief verletzt gefühlt? Oft steckt dahinter die Erfahrung, dass ein dir wichtiger Wert verletzt wurde. Wenn du zum Beispiel sehr loyal bist, wirst du dich besonders stark über Vertrauensbrüche ärgern. Wenn dir Freiheit wichtig ist, wirst du dich in engen Strukturen unwohl fühlen. Auch solche Gefühle sind Wegweiser, wenn du bereit bist, sie ernst zu nehmen.

Werte verändern sich nicht beliebig. Sie sind relativ stabil, aber sie können sich mit deiner persönlichen Entwicklung verschieben oder neu gewichten. Was dir mit Anfang zwanzig wichtig war, kann sich mit vierzig verändern. Vielleicht wird dir später Klarheit wichtiger als Abenteuer oder Verlässlichkeit bedeutsamer als Spontaneität. Diese Veränderungen sind kein Widerspruch, sondern Ausdruck deines Wachstums. Es lohnt sich deshalb, regelmäßig innezuhalten und sich zu fragen: Welche Werte sind mir heute wirklich wichtig?

Wenn du deine Werte benennen kannst, kannst du sie auch in deinen Alltag integrieren. Du kannst sie sichtbar machen in deinen Entscheidungen, in deinem Umgang mit anderen Menschen, in deiner Art, Projekte zu wählen oder Grenzen zu setzen. Sie werden zu deinem inneren Kompass. Nicht um starr nach ihnen zu leben, sondern um Orientierung zu haben, wenn es schwierig wird.

Gerade in Momenten von Zweifel oder Verunsicherung geben dir deine Werte Halt. Ein Ziel, das sich aus deinen Werten heraus entwickelt, ist kraftvoller als jedes Ziel, das du aus einem äußeren Impuls setzt. Es wirkt tief, weil es dich nicht nur intellektuell überzeugt, sondern emotional berührt. Wenn du zum Beispiel Wachstum als einen deiner Kernwerte erkennst, wirst du bei jedem Ziel prüfen, ob es dich wirklich wachsen lässt. Wenn du Verbindung als zentral empfindest, wirst du bei Entscheidungen danach fragen, ob sie deine Beziehungen stärken. So entsteht ein Leben, das nicht nur erfolgreich wirkt, sondern sich auch echt anfühlt.

Es braucht Mut, sich auf seine Werte zu besinnen. Denn manchmal zeigt sich dabei, dass du bisher an Zielen gearbeitet hast, die gar nicht zu dir passen. Vielleicht hast du dich jahrelang abgemüht, etwas zu erreichen, nur um am Ende festzustellen, dass das Ziel nie wirklich deins war. Solche Erkenntnisse können schmerzhaft sein, doch sie sind auch heilsam. Denn sie schenken dir die Freiheit, neu zu wählen. Du darfst deine Richtung verändern. Du darfst loslassen, was nicht mehr stimmig ist. Und du darfst dich neu ausrichten auf das, was dich wirklich erfüllt. Ein Leben im Einklang mit den eigenen Werten ist kein bequemes Leben, aber ein lebendiges. Es verlangt bewusste Entscheidungen, Klarheit und manchmal auch den Mut, gegen den Strom zu schwimmen. Doch es schenkt dir das Gefühl, auf dem richtigen Weg zu sein. Selbst wenn es nicht der einfachste ist. Es schenkt dir Integrität. Und mit dieser Integrität wächst deine innere Kraft.

Wenn du beginnst, deine Ziele aus deinen Werten abzuleiten, entsteht eine ganz neue Qualität von Zielklarheit. Du erkennst, dass nicht jedes erreichbare Ziel ein gutes Ziel ist. Du erkennst, dass nicht jedes Lob von außen gleich bedeutend ist. Du beginnst, in einer neuen Tiefe zu wählen. Nicht nach dem, was gut aussieht, sondern nach dem, was sich richtig anfühlt. Und genau hier beginnt ein selbstbestimmtes, sinnerfülltes Leben.

Reflexionsfragen:

- Welche Erlebnisse in deinem Leben haben dich besonders berührt und welche Werte spiegeln sich darin?
- In welchen Situationen hast du dich fremdbestimmt oder leer gefühlt und welche Werte könnten dort verletzt worden sein?
- Was sind drei bis fünf Werte, die dein Leben prägen sollten, damit es sich für dich stimmig anfühlt?
- Welche deiner aktuellen Ziele entsprechen diesen Werten und welche tun es nicht?
- Wie könntest du deine wichtigsten Werte im Alltag sichtbarer machen?
- Was müsste sich verändern, damit dein Leben stärker im Einklang mit deinen Werten steht?

Wer seine Werte kennt, geht anders durchs Leben. Klarer, entschiedener und innerlich gestärkter. Werte sind nicht nur Leitlinien, sie sind Ausdruck dessen, wer du wirklich bist. Sie helfen dir, dich selbst nicht zu verlieren, auch wenn das Leben dich fordert. Wenn du lernst, aus deinen Werten heraus zu leben und zu handeln, entstehen Ziele, die nicht nur erreichbar sind, sondern auch sinnvoll. Und genau das ist die Art von Ziel, die du verdienst. Ein Ziel, das dich trägt, weil es aus dem tiefsten Teil deines Wesens kommt.

Eigene Werte erkennen

Werte begleiten uns ein Leben lang. Sie beeinflussen, wie wir Entscheidungen treffen, mit Menschen umgehen, unsere Zeit gestalten und woran wir letztlich unseren Erfolg oder unser Glück messen. Doch obwohl Werte eine so zentrale Rolle spielen, sind sie vielen Menschen nicht bewusst. Sie wirken im Hintergrund, leise, aber bestimmend. Wer seine eigenen Werte erkennt und sie ins Bewusstsein holt, schafft sich eine stabile Grundlage für ein stimmiges Leben. Ein Leben, das sich nicht nur effizient, sondern vor allem sinnvoll anfühlt. Und genau das ist entscheidend, wenn wir Ziele formulieren und verfolgen wollen, die uns wirklich erfüllen.

Werte lassen sich nicht einfach irgendwo ablesen oder übernehmen. Sie sind persönlich, gewachsen aus Erfahrungen, geprägt durch Erlebnisse, reflektiert durch Krisen, vertieft durch Einsichten. Manche Werte zeigen sich früh, andere entfalten sich erst im Laufe der Jahre. Und manchmal verändern sich Werte auch, wenn wir neue Phasen im Leben betreten oder durch intensive Prozesse gegangen sind. Werte sind lebendig. Sie sind keine starren Begriffe, sondern bewegte Wegweiser. Und gerade deshalb lohnt es sich, sich regelmäßig mit ihnen zu beschäftigen.

Eigene Werte zu erkennen ist ein Prozess der Innenschau. Es geht nicht darum, sich eine Liste von schönen Worten anzuschauen und die fünf am besten klingenden Begriffe zu markieren. Es geht darum, tief hinzuhören.

Was in deinem Leben hat wirklich Bedeutung? Wann hast du dich zuletzt kraftvoll, klar, erfüllt oder verbunden gefühlt? Welche Situationen lassen dich innerlich aufblühen? Welche bringen dich aus der Balance? In deinen Reaktionen auf das Leben zeigen sich deine Werte oft deutlicher, als du es vermutest.

Ein hilfreicher erster Schritt ist die Rückschau auf persönliche Schlüsselerlebnisse. Erinnerst du dich an einen Moment, in dem du wusstest: Genau hier bin ich richtig? Vielleicht war es eine Begegnung, eine Entscheidung, eine kreative Phase oder ein Projekt, das dich ganz erfüllt hat. Was genau daran war so stimmig? Welche Werte wurden dabei gelebt? Vielleicht war es Freiheit, weil du eigenständig handeln konntest. Oder Sinn, weil dein Tun einen größeren Beitrag geleistet hat. Oder Echtheit, weil du ganz du selbst sein durftest. Genau in diesen Momenten zeigt sich, was dir wirklich wichtig ist.

Ebenso aufschlussreich sind Erlebnisse, die dich irritiert, verletzt oder geärgert haben. Vielleicht war es eine Situation, in der du übergangen wurdest. Oder eine Phase, in der du ständig Erwartungen anderer erfüllt hast und dich dabei selbst verloren hast. Vielleicht war es ein Konflikt, in dem du dich unverstanden oder ungesehen gefühlt hast. Solche Erfahrungen sind oft Hinweise auf verletzte Werte. Wenn du dich über Ungerechtigkeit aufregst, ist dir vermutlich Fairness oder Respekt besonders wichtig. Wenn dich Chaos nervös macht, brauchst du vielleicht Klarheit oder Struktur. Hinter dem, was dich stört, liegt häufig ein Wert, der dir besonders am Herzen liegt.

Ein weiterer Zugang zu deinen Werten liegt in der Beobachtung deines Alltags. Was tust du gerne? Wofür nimmst du dir freiwillig Zeit? Welche Gespräche berühren dich? Welche Bücher oder Filme faszinieren dich? Welche Menschen inspirieren dich, und warum? Auch das, was du bewunderst, kann Hinweise auf deine Werte geben. Denn wir erkennen in anderen oft das, was wir selbst in uns tragen oder uns wünschen, stärker zu leben.

Manchmal fällt es schwer, Werte zu benennen, weil sie so selbstverständlich erscheinen. Du denkst vielleicht: So sollte es doch für alle sein. Doch genau darin liegt die Kraft. Was für dich selbstverständlich ist, ist für andere vielleicht nicht bedeutend. Und genau das macht es zu deinem Wert. Vielleicht ist dir Verlässlichkeit so wichtig, dass du sie gar nicht hinterfragst. Oder du spürst, wie sehr du dich nach Leichtigkeit sehnst, weil du lange in Schwere gelebt hast. Auch diese Sehnsucht zeigt einen Wert.

Ein guter Weg, um Werte sichtbar zu machen, ist auch der Vergleich zwischen Ideal und Realität. Wie würdest du dein ideales Leben beschreiben? Was müsste darin vorkommen, damit du dich wohlfühlst? Und wie weit entfernt ist dein aktueller Alltag davon? In dieser Lücke liegt oft ein Wert, der zu wenig Raum bekommt. Vielleicht wünschst du dir mehr Zeit für Kreativität, weil du dich in Routine verlierst. Vielleicht sehnst du dich nach Tiefe in Beziehungen, weil Oberflächlichkeit dich müde macht. Indem du diese Differenz benennst, kommst du deinen Werten näher.

Werte zu erkennen bedeutet nicht, sich auf eine feste Liste zu beschränken. Es geht vielmehr darum, ein inneres Gespür zu entwickeln. Werte drücken sich in Sprache aus, aber sie leben im Gefühl. Du kannst dir also ruhig erlauben, deine ganz eigene Sprache zu finden. Vielleicht klingt „Freiheit" für dich zu abstrakt, aber „mein eigener Weg" trifft es besser. Vielleicht möchtest du statt „Ehrlichkeit" lieber „offenes Herz" sagen. Wichtig ist, dass du dich mit deinen Worten identifizieren kannst. Nur dann bekommen Werte für dich eine emotionale Tiefe.

Wenn du eine Auswahl deiner wichtigsten Werte getroffen hast, kannst du prüfen, wie präsent sie aktuell in deinem Leben sind. Lebst du deine Werte oder redest du nur über sie? Gibt es Bereiche, in denen du dich oft von ihnen entfernst? Und was brauchst du, um dich ihnen wieder anzunähern? Diese Reflexion ist nicht dazu da, dich zu bewerten. Sie ist ein liebevoller Blick auf das, was dir wichtig ist. Und sie zeigt dir, wo deine Entwicklungsmöglichkeiten liegen.

Manchmal entdeckst du dabei auch Widersprüche. Du merkst zum Beispiel, dass dir sowohl Sicherheit als auch Abenteuer wichtig sind. Oder dass du einerseits Autonomie brauchst, andererseits aber auch Nähe. Solche inneren Spannungsfelder sind völlig normal. Werte müssen nicht immer harmonieren. Entscheidend ist, wie du sie in Balance bringst. Vielleicht gibt es Lebensbereiche, in denen du eher das eine, und andere, in denen du mehr das andere lebst. Werte sind keine Forderungen, sie sind Einladung zur bewussten Gestaltung.

Du wirst merken, dass das Erkennen deiner Werte dein ganzes Denken verändert. Du triffst Entscheidungen klarer, weil du weißt, worauf du achten möchtest. Du formulierst Ziele konkreter, weil du erkennst, worauf es dir wirklich ankommt. Du gehst achtsamer mit dir um, weil du spürst, wann du dich selbst verlierst. Das alles führt zu mehr Selbstwirksamkeit. Denn wer weiß, was ihm oder ihr wichtig ist, kann bewusster handeln, im Großen wie im Kleinen.

Es kann hilfreich sein, mit anderen über Werte zu sprechen. Was ist dir wichtig? Was brauchst du, um dich wohlzufühlen? Was verletzt dich? Solche Gespräche vertiefen nicht nur die Beziehung, sondern auch das Verständnis für dich selbst. Vielleicht hörst du dich Dinge sagen, die dir vorher nicht bewusst waren. Vielleicht entdeckst du neue Worte für alte Gefühle. Der Dialog über Werte ist immer auch ein Dialog mit dir selbst.

Werte zeigen dir nicht nur, wo du hinwillst, sondern auch, wo du herkommst. Sie erzählen deine Geschichte. Sie sind wie innere Wegmarken, die dich begleiten. Und sie helfen dir, deinen Platz im Leben zu finden. Nicht im Vergleich mit anderen, sondern in Übereinstimmung mit

dir selbst. Wer seine Werte kennt, kann sich auch in stür-
mischen Zeiten auf etwas verlassen. Auf das, was trägt.
Auf das, was bleibt. Auf das, was wirklich zählt.

Reflexionsfragen:

- Welche Erlebnisse in deinem Leben waren so bedeutend, dass sie bis heute nachwirken, und welche Werte spiegeln sich darin?
- In welchen Situationen hast du dich besonders lebendig, frei oder echt gefühlt? Was war der Grund
  dafür?
- Was fehlt dir, wenn du dich unzufrieden fühlst?
  Welcher Wert könnte dahinter stehen?
- Welche Eigenschaften bewunderst du an anderen,
  und was sagt das über deine eigenen Werte aus?
- Wo lebst du deine Werte bereits bewusst, und wo
  möchtest du sie stärker integrieren?

Wer seine eigenen Werte erkennt, schafft Klarheit. Wer
sie lebt, findet Kraft. Sie helfen dir, dich selbst nicht zu
verlieren in einem Leben voller Möglichkeiten und Anforderungen. Sie geben dir Richtung, ohne dich einzuengen. Sie verbinden dich mit dem, was dich ausmacht.
Und sie erinnern dich immer wieder daran, dass du dich
selbst führen kannst: mit Herz, mit Verstand und mit einem klaren inneren Kompass.

Werte und Ziele in Einklang bringen

Werte sind wie ein inneres Leitsystem. Sie geben Richtung, schaffen Orientierung und wirken wie ein Kompass, besonders dann, wenn Entscheidungen getroffen werden müssen. Ziele sind hingegen konkrete Absichten. Sie sind das, worauf du bewusst hinarbeitest, messbar, überprüfbar, erreichbar. Während Werte dir sagen, was dir im Leben wichtig ist, geben dir Ziele einen Rahmen, um diese Wichtigkeit in konkretes Handeln zu übersetzen. Doch erst wenn Werte und Ziele miteinander verbunden sind, entsteht daraus eine wirklich kraftvolle Entwicklung. Dann handeln wir nicht nur effizient, sondern stimmig. Wir verlieren uns nicht im Tun, sondern erleben Sinn im Weg und Ziel.

Viele Menschen setzen sich Ziele, ohne ihre Werte dabei zu beachten. Sie formulieren, was sie erreichen wollen, definieren Etappen, erstellen Zeitpläne und To-do-Listen. Doch irgendwann entsteht ein innerer Widerstand. Sie spüren Erschöpfung, Frust oder Leere, obwohl sie auf dem Papier vorankommen. Der Grund liegt oft darin, dass das Ziel zwar klug geplant, aber nicht mit dem inneren Wertesystem abgestimmt wurde. Es fehlt die emotionale Verankerung. Es fehlt das Gefühl, dass das Ziel wirklich zum eigenen Leben passt.

Ein Ziel kann noch so sinnvoll erscheinen, wenn es gegen deine tiefsten Werte arbeitet, wird es dich auf Dauer nicht erfüllen. Vielleicht arbeitest du mit aller Kraft an einem Karriereziel, obwohl dir innere Ruhe und familiäre

Nähe viel bedeutsamer sind als Status oder Anerkennung. Vielleicht strebst du nach äußerem Erfolg, obwohl du in Wahrheit viel lieber frei und kreativ arbeiten möchtest. Solche Widersprüche erzeugen innere Spannungen. Und diese Spannungen rauben dir Energie, Motivation und Lebensfreude.

Wirklich tragfähige Ziele entstehen dann, wenn du sie aus deinen Werten heraus entwickelst. Du beginnst nicht mit der Frage: Was soll ich erreichen? Du beginnst mit der Frage: Was ist mir wichtig? Was macht mein Leben sinnvoll? Was gibt mir ein Gefühl von Verbundenheit, Freiheit, Wachstum oder Sicherheit? Und erst auf dieser Grundlage formulierst du ein Ziel. So wird aus einer bloßen Absicht eine persönliche Vision. Aus einem Plan wird ein Weg, der zu dir passt.

Ein Ziel im Einklang mit deinen Werten fühlt sich anders an. Es erzeugt nicht Druck, sondern Auftrieb. Es motiviert dich nicht durch Angst, sondern durch Sinn. Du musst dich nicht zwingen, du willst handeln. Und wenn es schwierig wird, bleibst du dran, weil du weißt, dass du nicht für ein fremdes Ideal kämpfst, sondern für etwas, das dir wirklich am Herzen liegt. Dieser innere Zusammenhang verändert alles. Er schenkt deinem Tun Tiefe, deinem Denken Klarheit und deiner Entscheidung Verlässlichkeit.

Damit dieser Einklang entstehen kann, brauchst du Ehrlichkeit dir selbst gegenüber. Du musst bereit sein, deine Ziele zu prüfen. Nicht jedes Ziel, das du dir irgendwann gesetzt hast, entspricht heute noch deinen Werten. Vielleicht hat sich dein Leben verändert, vielleicht bist du selbst gewachsen. Dann darfst du ein Ziel loslassen oder anpassen. Das ist kein Aufgeben, sondern ein Akt von Selbstfürsorge. Du richtest dich neu aus. Und genau das ist Ausdruck innerer Stärke.

Ein guter Weg, um Werte und Ziele zu verbinden, ist die bewusste Reflexion. Nimm dir ein aktuelles Ziel vor und frage dich: Welcher meiner Werte wird durch dieses Ziel genährt? Welcher Wert könnte dabei verletzt werden? Wo braucht es eine neue Balance? Wenn du beispielsweise ein finanzielles Ziel verfolgst, aber dabei ständig deine Gesundheit vernachlässigst, wird es langfristig nicht tragfähig sein. Dann gilt es, eine neue Verbindung zu finden, in der finanzielle Sicherheit nicht gegen, sondern im Einklang mit Wohlbefinden stehen darf.

Manchmal ist es hilfreich, deine Ziele in verschiedene Lebensbereiche aufzuteilen und zu prüfen, ob in jedem Bereich deine Werte Platz finden. Vielleicht lebst du Kreativität im privaten Bereich, aber nicht im Beruf. Vielleicht ist dir Selbstbestimmung wichtig, aber du fühlst dich in deinem aktuellen Umfeld eingeengt. Dann braucht es kein radikales Ziel, sondern eine bewusste Neuausrichtung. Vielleicht geht es darum, neue Gestaltungsspielräume zu entdecken oder einen anderen Umgang mit bestimmten Rollen zu finden. Werte und Ziele lassen sich auch über Visionen verbinden. Du kannst dir vorstellen, wie dein Leben aussieht, wenn du deine wichtigsten Werte aktiv lebst. Was tust du dann? Wie sprichst du? Mit wem bist du verbunden? Welche Projekte entstehen daraus? Diese Bilder helfen dir, Ziele zu formulieren, die wirklich aus dir selbst kommen. Du bist dann nicht mehr im Außen orientiert, sondern entwickelst deine Richtung aus dem Inneren heraus.

Besonders wirkungsvoll ist dieser Prozess, wenn du dich auch mit Zielkonflikten auseinandersetzt. Es kann sein, dass du mehrere Ziele verfolgst, die nicht miteinander vereinbar sind, weil sie unterschiedliche Werte bedienen. Vielleicht willst du mehr Zeit mit deiner Familie verbringen, gleichzeitig aber eine Fortbildung machen, die viele Abende beansprucht. Dann hilft es, dich zu fragen: Welcher Wert steht gerade im Vordergrund? Und wie kann ich beide Anliegen so gestalten, dass ich mich nicht verliere? Oft entstehen durch diese Fragen kreative Lösungen, die vorher nicht sichtbar waren.

Es braucht Mut, ein Ziel zu verändern, wenn du erkennst, dass es nicht zu deinen Werten passt. Vielleicht hast du viel investiert, viel Zeit, Energie, vielleicht sogar Geld. Doch an einem Ziel festzuhalten, das dich von dir selbst entfernt, ist kein Zeichen von Ausdauer, sondern von Angst. Du darfst dich immer wieder neu ausrichten. Du darfst innehalten, dich fragen, was jetzt wirklich dran ist, und dann mit neuer Klarheit weitergehen.

Auch im Miteinander wird es spürbar, wenn Werte und Ziele im Einklang sind. Du wirst klarer in deinen Aussagen, verlässlicher in deinen Handlungen, authentischer in deiner Wirkung. Menschen spüren, ob du etwas tust, weil es dir entspricht oder weil du es musst. Diese Authentizität schafft Vertrauen. Sie stärkt Beziehungen. Und sie macht dich selbst zufriedener. Denn du musst keine Maske tragen, du musst dich nicht verstellen. Du darfst du selbst sein.

Der Einklang von Werten und Zielen führt zu innerem Frieden. Du brauchst dich nicht mehr ständig zu rechtfertigen, zu optimieren oder zu vergleichen. Du weißt, warum du tust, was du tust. Du weißt, was dich trägt. Du spürst, wann ein Ziel wirklich deins ist. Und genau dieses Spüren verändert deine Art zu leben. Du wirst unabhängiger von äußeren Maßstäben. Du misst Erfolg nicht mehr nur an Ergebnissen, sondern an Stimmigkeit. Und das macht dich frei.

Reflexionsfragen:

- Welche deiner aktuellen Ziele entsprechen voll und ganz deinen persönlichen Werten?
- Gibt es Ziele, die mit einem oder mehreren deiner zentralen Werte im Widerspruch stehen?
- Wo im Alltag spürst du Unzufriedenheit – und könnte das mit einem Ziel-Werte-Konflikt zusammenhängen?
- Was würde sich verändern, wenn du deine Ziele konsequent an deinen Werten ausrichtest?
- Welche alten Ziele möchtest du überdenken oder loslassen, um Platz für stimmigere zu schaffen?
- Wie könntest du beim Setzen neuer Ziele künftig bewusster auf deine Werte achten?

Wenn du deine Werte mit deinen Zielen verbindest, entsteht ein Weg, der nicht nur nach außen führt, sondern auch nach innen. Du gehst nicht mehr, um irgendwo anzukommen. Du gehst, weil der Weg zu dir passt. Weil er sich richtig anfühlt. Und weil er dich näher zu dem Menschen bringt, der du in Wahrheit schon längst bist.

Aktivierende Fragen

Bevor wir nun konkret mit der Zielarbeit beginnen, möchte ich dir ein paar Fragen stellen, die dich dabei unterstützen werden, mehr Klarheit zu finden. Sie helfen dir, dich innerlich auszurichten und eine Verbindung zu dem herzustellen, was dir im Leben wirklich wichtig ist. Unsere Lebenserfahrungen stützen sich auf das, worauf wir unsere Aufmerksamkeit richten. Was wir regelmäßig betrachten, vertieft sich in unserem Denken, Fühlen und Handeln. Wenn du deinen Fokus bewusst auf das richtest, was dich stärkt, inspirierst du dich selbst zu mehr Lebensfreude, innerer Stärke und echter Verbindung. Die folgenden Fragen sollen dir dabei helfen, mehr Glück, Motivation, Stolz, Dankbarkeit, Freude und persönliches Engagement zu empfinden, und jeden Tag deines Lebens mit mehr Bewusstheit und Tiefe zu erleben.

Bitte nimm dir Zeit für jede einzelne Frage. Suche zwei oder drei ganz persönliche Antworten, die dich ehrlich berühren. Antworte nicht oberflächlich, sondern mit dem Herzen. Die Kraft liegt nicht in der Anzahl der Antworten, sondern in der Verbindung zu ihnen. Fühle dich eingeladen, dich mit deinen Antworten vollständig zu identifizieren.

Ein kleiner Tipp: Wenn es dir schwer fällt, eine Antwort zu finden, beginne mit dem Wort „könnte". Zum Beispiel: „Worüber könnte ich in diesem Augenblick meines Lebens glücklich sein?" oder „Wofür könnte ich gerade jetzt stolz auf mich sein?" Allein diese sprachliche Öffnung erlaubt deinem Denken, neue Möglichkeiten zu entdecken. Du machst damit Raum auf, für das, was da ist, aber bisher noch nicht klar gesehen wurde.

Erlaube dir, dich durch diese Fragen inspirieren zu lassen. Es gibt keine richtigen oder falschen Antworten. Es gibt nur das, was für dich jetzt stimmig ist. Du darfst staunen, entdecken, vertiefen und dich erinnern: an das, was bereits da ist, und an das, was du in deinem Leben weiter wachsen lassen möchtest.

Worüber bin ich in diesem Augenblick meines Lebens glücklich?

Was genau macht mich daran glücklich?

_____

_____

_____

_____

_____

_____

_____

_____

_____

_____

_____

_____

_____

_____

Welches Gefühl löst dieser Gedanke in mir aus?

Was erlebe ich gerade als spannend oder lebendig?

_____

_____

_____

_____

_____

_____

_____

_____

_____

_____

_____

_____

_____

Was genau fasziniert oder begeistert mich daran?

_____

_____

_____

_____

_____

_____

_____

_____

_____

_____

_____

_____

_____

_____

_____

_____

Welches Gefühl löst dieser Gedanke in mir aus?

Worauf bin ich in diesem Moment meines Lebens stolz?

Was genau gibt mir das Gefühl, etwas geschafft oder bewirkt zu haben?

Welches Gefühl löst dieser Gedanke in mir aus?

Wofür empfinde ich in diesem Augenblick meines Lebens Dankbarkeit?

_____

_____

_____

_____

_____

_____

_____

_____

_____

_____

_____

_____

Was genau berührt mich daran?

Welches Gefühl löst dieser Gedanke in mir aus?

Was genieße ich in meinem Leben gerade besonders?

Was genau macht diesen Moment oder diese Erfahrung so wohltuend?

_____

_____

_____

_____

_____

_____

_____

_____

_____

_____

_____

_____

Welches Gefühl löst dieser Gedanke in mir aus?

_____

_____

_____

_____

_____

_____

_____

_____

_____

_____

_____

_____

_____

Wen liebe ich? Von wem werde ich geliebt?

Was genau weckt dieses Gefühl der Liebe in mir?

Welches Gefühl löst dieser Gedanke in mir aus?

Wohlgeformte Ziele

Ein Ziel gibt unserem Handeln Richtung. Es verbindet das Jetzt mit dem, was werden soll. Es öffnet Räume für Entwicklung, Wandel und Wachstum. Doch damit ein Ziel diese Kraft entfalten kann, braucht es Klarheit. Diese Klarheit entsteht nicht einfach durch Willenskraft oder Planungstools, sondern durch die bewusste Entscheidung, ein Ziel so zu formulieren, dass es im Einklang mit dir selbst steht und gleichzeitig realisierbar wird. Ein Ziel, das dich innerlich anspricht und dir konkrete Handlungsmöglichkeiten eröffnet, hat eine ganz andere Wirkung als ein Wunsch, der vage bleibt. Diese Art von Ziel nennen wir wohlgeformt.

Ein wohlgeformtes Ziel ist mehr als ein guter Vorsatz. Es ist das Ergebnis einer bewussten Auseinandersetzung mit dem, was du wirklich willst, wie du es formulieren kannst und auf welche Weise du es verfolgen möchtest. Es ist ein Ziel, das dich sowohl emotional berührt als auch kognitiv überzeugt. Es aktiviert deine Motivation, deine Selbstverantwortung und deine Handlungskraft. Genau diese Verbindung von Gefühl und Verstand ist der Schlüssel, um aus bloßen Absichten echte Schritte zu machen. Dabei entsteht eine innere Klarheit, die dich nicht nur zum Handeln ermutigt, sondern auch in schwierigen Momenten trägt. Denn je konkreter und stimmiger ein Ziel formuliert ist, desto stärker wird dein Engagement. Du entwickelst eine Haltung, die dich daran erinnert, warum du auf diesem Weg bist. Du gewinnst Sicherheit, weil du weißt, was du willst und was dir wichtig ist. Und du gewinnst Vertrauen in dich selbst, weil du erkennst, dass du dein Leben bewusst gestalten kannst. Wohlgeformte Ziele sind keine starre Struktur, sondern lebendige Leitlinien, die dir Richtung geben, ohne dich einzuengen. Sie helfen dir, bei dir selbst zu bleiben, auch wenn das Außen laut ist. Sie geben dir Halt, Orientierung und die Gewissheit: Du gestaltest deinen Weg, Schritt für Schritt, mit Klarheit und innerer Überzeugung.

Viele Ziele scheitern nicht, weil sie falsch sind, sondern weil sie unklar sind. Sie bleiben im Ungefähren, sind zu groß, zu kompliziert oder nicht konkret genug. Dann fühlt sich der Weg dorthin diffus oder sogar bedrohlich an. Das Ziel erscheint wie ein ferner Traum, zu dem es keine erkennbare Brücke gibt. Man beginnt zwar motiviert, verliert aber schnell den Überblick, weil der nächste Schritt nicht eindeutig ist. Unsicherheit, Aufschieberitis und Selbstzweifel sind häufige Folgen solcher Unklarheit. Ein Ziel, das nicht greifbar ist, erzeugt mehr inneren Druck als Vorfreude. Statt Orientierung schafft es Verwirrung. Ein wohlgeformtes Ziel hingegen baut diese Brücke. Es macht aus einem inneren Bild einen umsetzbaren Plan. Es hilft dir, deinen Weg in überschaubare Abschnitte zu gliedern. Es strukturiert deine Gedanken, bündelt deine Energie und lenkt deinen Fokus auf das, was jetzt wirklich zählt. Du spürst, dass du nicht mehr herumirrst, sondern Schritt für Schritt in die Richtung gehst, die du selbst gewählt hast. Es gibt dir die Möglichkeit, in die Handlung zu kommen, ohne dich dabei zu verlieren. Du fühlst dich getragen von deiner Entscheidung und gleichzeitig handlungsfähig, weil du weißt, was zu tun ist.

Ein zentrales Merkmal eines wohlgeformten Ziels ist seine positive Formulierung. Anstatt zu sagen, was du nicht mehr willst, formulierst du, was du stattdessen erleben oder erreichen möchtest. Dein Gehirn braucht ein klares Bild der gewünschten Zukunft. Aussagen wie „Ich will mich nicht mehr gestresst fühlen" oder „Ich will weniger Fehler machen" führen zu keinem eindeutigen Zielbild. Sie lassen dich im Mangeldenken verweilen. Eine positive Formulierung wie „Ich möchte meine Aufgaben mit mehr Ruhe und Fokus erledigen" oder „Ich möchte klar und konzentriert arbeiten" gibt deinem inneren System eine Richtung. Du arbeitest dann auf etwas zu, anstatt dich vor etwas zu schützen. Positive Sprache schafft einen inneren Rahmen, der dich motiviert, dich unterstützt und dir erlaubt, in einem kraftvollen Zustand zu bleiben. Wenn du dich mit einem positiv formulierten Ziel verbindest, erzeugst du ein Bild, das nicht von Angst oder Vermeidung geprägt ist, sondern von Hoffnung, Zuversicht und Gestaltungswillen. Du richtest deinen Fokus auf das, was entstehen soll, und nicht auf das, was verschwinden soll. Diese Ausrichtung wirkt sich direkt auf deine Energie, dein Denken und deine Handlungen aus. Je mehr du dich auf das ausrichtest, was du wirklich willst, desto klarer wirst du in deinem Tun und desto beständiger wirst du auf deinem Weg.

Ein weiterer wichtiger Aspekt ist die Sinnesbezogenheit. Ein Ziel wirkt besonders stark, wenn du es mit möglichst vielen Sinnen verknüpfst. Frage dich: Was werde ich sehen, hören, fühlen, wenn ich mein Ziel erreicht habe? Je konkreter du diese Wahrnehmungen beschreiben kannst, desto realer wird das Ziel für dich. Dein

Unterbewusstsein braucht ein klares Bild. Es muss sich ausmalen können, wie sich das Erreichen des Ziels anfühlt. Du kannst sogar weitergehen und fragen: Wie werde ich gehen, wie sprechen, wie schauen? Welche Körperhaltung werde ich einnehmen? Auch diese körperlichen Vorstellungen wirken motivierend und unterstützend.

Wohlgeformte Ziele sind zudem überprüfbar. Es reicht nicht, ein schönes Ziel zu haben, du brauchst auch ein klares Kriterium, um zu wissen, wann du es erreicht hast. Ein Ziel wie „Ich möchte mich besser fühlen" ist schwer zu messen. Besser wäre: „Ich möchte mich jeden Morgen mit Energie und Zuversicht in den Tag starten sehen" oder „Ich möchte mich am Abend mit einem Gefühl von Stolz und innerer Ruhe schlafen legen". Solche Formulierungen geben dir die Möglichkeit, Fortschritte zu erkennen und Erfolge wahrzunehmen. Und genau das ist wichtig, denn Erfolge, auch kleine, sind die Nahrung deiner Motivation. Wenn du messen kannst, wie nah du deinem Ziel gekommen bist, gewinnst du nicht nur Klarheit, sondern auch Selbstvertrauen. Du siehst, dass deine Anstrengungen Wirkung zeigen. Du kannst deine Entwicklung konkret beobachten. Diese Rückmeldung ist entscheidend, denn sie gibt dir nicht nur Orientierung, sondern auch ein Gefühl von Wirksamkeit. Du verlässt die Rolle des oder der Wartenden und wirst zur handelnden Person. Ein überprüfbares Ziel erlaubt dir außerdem, aus deinen Erfahrungen zu lernen. Du erkennst, was funktioniert und was nicht. Du passt deine Strategien an. Und du bleibst handlungsfähig, weil du weißt, wo du stehst. Damit wird das Ziel zu einem lebendigen Prozess, der dich nicht unter Druck setzt, sondern dich in deiner Entwicklung begleitet.

Ein weiteres Merkmal eines wohlgeformten Ziels ist seine Kontextangabe. Es ist wichtig, zu wissen, wann, wo und unter welchen Umständen du dein Ziel erreichen möchtest. Wenn du beispielsweise sagst: „Ich möchte mich mehr bewegen", dann bleibt offen, wann und wie das geschehen soll. Eine klarere Formulierung wäre: „Ich gehe jeden Montag, Mittwoch und Samstag um 18 Uhr für mindestens 30 Minuten spazieren." Diese Angabe macht dein Ziel verbindlich. Du weißt, wann du dran bist. Und du kannst dich darauf einstellen. Auch hier entsteht Verbindlichkeit, die nicht drückt, sondern trägt.

Die Eigenverantwortung ist ein weiteres zentrales Element. Dein Ziel sollte aus deinem Handlungsspielraum heraus formuliert sein. Du kannst nicht beeinflussen, was andere tun oder lassen, aber du kannst entscheiden, was du selbst tust. Wenn du sagst: „Ich will, dass andere mich mehr respektieren", gibst du die Verantwortung ab. Wenn du sagst: „Ich spreche meine Bedürfnisse klar aus und setze liebevoll Grenzen", übernimmst du die Führung über dein Verhalten. Das ist der Weg, der dich wirklich stärkt. Eigenverantwortung bedeutet auch, dich selbst als wirksam zu erleben. Es bedeutet, dass du nicht mehr darauf wartest, dass sich im Außen etwas verändert, sondern dass du selbst die Veränderung initiierst. Du wirst zur Gestalter:in deines Lebens, nicht zur Reagierenden. Diese Haltung bringt Klarheit in dein Denken, Verlässlichkeit in dein Handeln und Stabilität in dein Selbstbild. Du lernst, dich auf dich selbst zu verlassen, weil du erlebst, dass du Einfluss nehmen kannst. Dabei geht es nicht darum, alles kontrollieren zu müssen, sondern darum, bewusst mit dem umzugehen, was in deinem Einflussbereich liegt. Gerade in herausfordernden Situationen zeigt sich, wie kraftvoll diese Haltung ist. Denn wenn du dich auf deine Verantwortung konzentrierst, wirst du handlungsfähig statt hilflos. Du übernimmst die Führung für dich selbst. Mit Klarheit, Achtsamkeit und innerer Stärke.

Auch die Realisierbarkeit ist entscheidend. Ein Ziel darf dich fordern, aber es darf dich nicht überfordern. Wenn du dir zu große Schritte vornimmst, wird die Motivation schnell durch Frust ersetzt. Deshalb ist es sinnvoll, ein großes Ziel in kleinere Etappen zu unterteilen. Jeder Teilschritt ist ein Erfolgserlebnis, das dich weiterträgt. Du kannst zum Beispiel aus dem großen Ziel „Ich möchte beruflich selbstständig sein" zunächst den Schritt formulieren: „Ich recherchiere bis Ende des Monats drei mögliche Geschäftsfelder und notiere meine Gedanken dazu." So wird das Ziel greifbar. Und Schritt für Schritt entsteht ein Weg.

Ein wohlgeformtes Ziel berücksichtigt auch deine Ressourcen. Frage dich: Was steht mir zur Verfügung? Welche Fähigkeiten, Erfahrungen, Kontakte oder Ideen kann ich einbringen? Wenn du deine Ressourcen erkennst und benennst, wächst dein Vertrauen in dich selbst. Du siehst dich nicht mehr nur als jemand, der auf dem Weg ist, sondern als jemand, der schon viel mitbringt. Diese Sichtweise verändert deinen inneren Zustand. Sie stärkt dein Selbstbild. Und sie gibt dir Kraft. Du beginnst, dich als kompetente Gestalter:in deines Weges zu erleben. Die bewusste Wahrnehmung deiner Stärken hilft dir auch, in schwierigen Momenten einen klaren Blick zu behalten. Statt dich ausschließlich auf Probleme zu fokussieren, erinnerst du dich an das, was du bereits in dir trägst. Deine Ressourcen wirken wie innere Anker. Sie geben dir Halt und Zuversicht, wenn Zweifel auftauchen. Darüber hinaus schaffen sie eine stabile Basis, auf der du neue Fähigkeiten entwickeln kannst. Denn wer weiß, worauf er oder sie aufbauen kann, geht selbstbewusster neue Wege. Indem du regelmäßig überprüfst, welche Ressourcen dir zur Verfügung stehen und wie du sie gezielt einsetzt, stärkst du nicht nur deine Selbstwahrnehmung, sondern entwickelst auch eine wachstumsorientierte Haltung. So wird dein Ziel nicht nur erreichbar, sondern zu einem Raum, in dem du dich weiter entfalten kannst.

Klarheit im Ziel bedeutet auch Klarheit im Umgang mit Hindernissen. Du kannst dich fragen: Welche möglichen Schwierigkeiten könnten auftauchen? Und wie kann ich damit umgehen? Indem du dich innerlich auf Herausforderungen vorbereitest, verlierst du die Angst davor. Du wirst handlungsfähiger. Du baust mentale Stärke auf. Und du kannst dir sogar kleine Sätze oder innere Bilder zurechtlegen, die dich in solchen Momenten unterstützen. So entsteht nicht nur ein Ziel, sondern eine Haltung, die dich durch den gesamten Prozess trägt.

Wohlgeformte Ziele fördern deine Selbstführung. Du lernst, dich selbst ernst zu nehmen, dir selbst zu vertrauen und dich selbst zu begleiten. Du wartest nicht mehr auf den perfekten Moment oder auf Zustimmung von außen. Du beginnst, aus deiner eigenen Klarheit heraus zu handeln. Und genau das ist der Kern jeder nachhaltigen Veränderung. Veränderung beginnt nicht im Außen, sondern in deiner inneren Entscheidung, deinen Weg zu gehen, bewusst, konkret und mit einem klaren Ziel vor Augen. Diese Form der Selbstführung bringt dich in eine neue Qualität der Eigenverantwortung. Du wirst dir darüber bewusst, dass du die Richtung deines Lebens nicht nur beeinflussen kannst, sondern dass du sie aktiv gestalten darfst. Du entwickelst die Fähigkeit, dich selbst durch Unsicherheiten zu begleiten, statt dich von ihnen lähmen zu lassen. Gleichzeitig wächst dein Vertrauen in deine Entscheidungen, weil sie nicht mehr von außen bestimmt werden, sondern aus deiner inneren Überzeugung entstehen. Diese Verbindung zu dir selbst schafft Ruhe im Kopf und Kraft im Herzen. Du hörst auf, dich ständig mit anderen zu vergleichen. Stattdessen beginnst du, deinen eigenen Maßstab zu entwickeln. Du erkennst, dass es nicht darum geht, perfekt zu sein, sondern stimmig. Und du spürst, dass jede bewusste Entscheidung, die du im Einklang mit deinem Ziel triffst, ein Schritt in Richtung innerer Freiheit ist.

Reflexionsfragen:

- In welchen Lebensbereichen brauchst du mehr Klarheit, um ins Handeln zu kommen?
- Wie würdest du dein aktuelles Ziel formulieren, wenn du es in positiver Sprache und mit allen Sinnen beschreiben würdest?
- Welchen ersten kleinen Teilschritt kannst du dir setzen, der dich deinem Ziel konkret näherbringt?
- Wie erkennst du, dass du auf dem richtigen Weg bist? Welche Zeichen wirst du wahrnehmen?

- Was tust du, wenn Hindernisse auftauchen? Wie kannst du dich darauf innerlich vorbereiten?
- Welche deiner Ressourcen helfen dir, deine wohlgeformten Ziele umzusetzen?

Wenn du dein Ziel in eine Form bringst, die dir entspricht, entsteht Klarheit. Diese Klarheit ist keine starre Regel, sondern ein lebendiger Leitfaden. Sie schenkt dir Richtung, Motivation und die Fähigkeit, auch in herausfordernden Momenten weiterzugehen. Mit einem wohlgeformten Ziel bist du nicht nur auf dem Weg, du führst dich selbst. Schritt für Schritt, mit Herz, mit Verstand und mit einem klaren Bild dessen, was für dich wirklich zählt.

Fokus statt Verzettelung

Ziele zu strukturieren und zu priorisieren bedeutet, aus der Vielfalt an Ideen, Wünschen und Absichten eine klare Richtung zu entwickeln. Es ist ein Prozess der inneren Sortierung, bei dem du herausfindest, was wirklich wichtig ist, was zuerst kommen darf und wie du deine Kraft sinnvoll einsetzen kannst. Viele Menschen erleben sich in ihrem Alltag als getrieben. Sie haben zahlreiche Aufgaben, Projekte, Träume und Verpflichtungen, die sich überlagern. Ohne Struktur entsteht Chaos. Ohne Prioritäten verlieren sich selbst die besten Absichten. Wenn du jedoch lernst, deine Ziele in eine stimmige Ordnung zu bringen, entsteht daraus ein Leitfaden, der dich durch deinen Alltag führt und dir hilft, Schritt für Schritt voranzukommen.

Der erste Schritt zur Struktur ist das Sichtbarmachen. Alles, was nur im Kopf bleibt, hat die Tendenz, sich zu vermischen oder aus dem Blick zu geraten. Deshalb ist es sinnvoll, all deine Ziele einmal aufzuschreiben. Nimm dir ein Blatt Papier oder ein digitales Dokument und notiere alles, was dir aktuell wichtig erscheint. Das können berufliche, private, gesundheitliche oder zwischenmenschliche Ziele sein. Notiere auch kleinere Vorhaben oder vage Ideen. Es geht darum, dein inneres Feld in eine äußere Form zu übersetzen. Allein durch diesen Schritt entsteht bereits mehr Klarheit. Du erkennst, was wirklich da ist. Indem du deine Gedanken aus dem Kopf herauslöst und in Worte fasst, machst du sie greifbar. Du kannst sie von außen betrachten, ordnen, hinterfragen und gegebenenfalls anpassen. Oft wird erst beim Aufschreiben sichtbar, dass bestimmte Ziele gar nicht mehr zu deinem aktuellen Lebensabschnitt passen oder dass hinter einem scheinbar kleinen Vorhaben ein viel größerer Wunsch steht. Sichtbarmachen heißt auch: dich selbst ernst nehmen. Du erkennst, dass deine Gedanken, Träume und Absichten Gewicht haben. Sie sind nicht bloß flüchtige Ideen, sondern Ausdruck deiner inneren Stimme. Und genau diese Stimme verdient es, gehört, gesehen und beachtet zu werden.

Im zweiten Schritt kannst du beginnen, diese Sammlung zu sortieren. Welche Ziele sind kurzfristig? Welche mittelfristig? Welche haben einen langen Zeithorizont? Was möchtest du innerhalb der nächsten Wochen erreichen, was im Laufe des Jahres, was vielleicht in den nächsten drei bis fünf Jahren? Diese zeitliche Gliederung hilft dir dabei, deine Energie nicht auf alles gleichzeitig zu verteilen, sondern gezielt zu lenken. Du bekommst ein Gefühl für Dringlichkeit und Relevanz. Du siehst, was jetzt dran ist und was noch reifen darf. Auch hilft dir diese Unterscheidung dabei, unrealistische Erwartungen an dich selbst zu erkennen und zu korrigieren. Wenn du dir unbewusst vorgenommen hast, mehrere große Projekte gleichzeitig umzusetzen, kann dieser Schritt dir zeigen, dass das gar nicht notwendig ist. Statt alles sofort zu wollen, darfst du in Phasen denken. Es entsteht ein inneres Zeitgefühl, das dir erlaubt, mit mehr Gelassenheit und System vorzugehen. Manche Ziele dürfen noch wachsen, andere dürfen jetzt blühen. Diese innere Ordnung gibt dir Sicherheit und entlastet dich mental. Denn wenn du weißt, dass jedes Ziel seinen Platz und seine Zeit hat, brauchst du dich nicht zu hetzen. Du darfst vertrauen, dass du Schritt für Schritt alles erreichen kannst, was dir wirklich wichtig ist.

Ein weiterer Aspekt der Zielstrukturierung ist die Themengliederung. Du kannst deine Ziele in verschiedene Lebensbereiche einteilen, zum Beispiel in Beruf, Gesundheit, Beziehungen, Selbstentwicklung, Freizeit oder Finanzen. Diese Gliederung hilft dir dabei, ein ausgewogenes Bild deiner Zielwelt zu entwickeln. Oft wird dabei sichtbar, welche Bereiche in deinem Leben zu viel Raum einnehmen und welche vernachlässigt werden. Du bekommst die Möglichkeit, bewusst zu justieren und eine Balance zu schaffen, die sich für dich stimmig anfühlt. Diese bewusste Gliederung ermöglicht dir außerdem, Zusammenhänge zu erkennen, die dir zuvor vielleicht nicht aufgefallen sind. Du entdeckst, wie Ziele sich gegenseitig stärken oder auch behindern können. Vielleicht stellst du fest, dass deine beruflichen Ambitionen mit deinem Bedürfnis nach mehr Freizeit in Konflikt stehen. Oder dass dein Wunsch nach gesundheitlicher Verbesserung deine Beziehung zu Ernährung und Bewegung ganz neu definiert. Indem du deine Zielbereiche einzeln betrachtest, bekommst du ein feineres Gespür dafür, wo gerade deine Aufmerksamkeit gebraucht wird. Du erkennst, ob ein Lebensbereich zu viel Raum einnimmt, vielleicht weil er ungelöst ist, und andere deshalb zurückstehen müssen. Und du darfst dich fragen, wie du ein harmonischeres Zusammenspiel zwischen diesen Bereichen gestalten kannst. Zielstrukturierung wird dadurch zu einem Akt der Selbstfürsorge und inneren Ausrichtung. Denn je bewusster du verstehst, wie deine Ziele in deinem Leben verteilt sind, desto klarer kannst du auch entscheiden, wo du künftig investieren möchtest.

Nachdem du deine Ziele zeitlich und thematisch geordnet hast, kommt ein entscheidender Schritt: die Priorisierung. Was ist dir am wichtigsten? Welches Ziel hat aktuell die größte Bedeutung für dich? Wo spürst du die stärkste Motivation oder den dringendsten Handlungsbedarf? Hier geht es nicht darum, etwas zu werten oder andere Ziele abzuwerten. Es geht um den Mut zur Entscheidung. Wenn du versuchst, alles gleichzeitig zu erreichen, verlierst du Kraft. Wenn du jedoch wählst, worauf du dich zuerst konzentrieren willst, entsteht Fokussierung. Und aus Fokussierung wird Wirksamkeit.

Priorisierung bedeutet auch, Nein sagen zu lernen. Zu Dingen, die nicht zu deinen Hauptzielen passen. Zu Erwartungen, die dich von deinem Weg ablenken. Zu Aufgaben, die zwar wichtig erscheinen, aber nicht in deiner

Verantwortung liegen. Jedes Ja zu einem Ziel bedeutet ein Nein zu etwas anderem. Und genau diese Klarheit braucht es, wenn du wirklich vorankommen willst. Es geht nicht um Perfektion, sondern um Richtung. Du darfst deinen Weg selbst gestalten.

Wenn du deine wichtigsten Ziele identifiziert hast, kannst du sie in konkrete Schritte herunterbrechen. Aus einem großen Ziel wird eine Handlung. Aus einer Idee wird eine Entscheidung. Du kannst dir dafür ein einfaches System nutzen: Was ist der nächste machbare Schritt? Was kann ich heute tun, was in dieser Woche, was im kommenden Monat? So entsteht Bewegung. Du kommst aus der Theorie in die Praxis. Und du erlebst dich selbst als handlungsfähig. Dabei ist es hilfreich, auch kleine Zwischenschritte zu würdigen und nicht auf das große Endziel zu warten, um dich erfolgreich zu fühlen. Jeder noch so kleine Fortschritt ist ein Beweis dafür, dass du dich auf dem richtigen Weg befindest. Die Erfahrung, dass du selbst wirksam bist, stärkt dein Vertrauen in den eigenen Prozess. Je konkreter du formulierst, was genau zu tun ist, desto geringer ist die Wahrscheinlichkeit, dass du dich überfordert fühlst. Statt dich mit einem riesigen Projekt konfrontiert zu sehen, betrachtest du einzelne, machbare Einheiten. Du kannst diese Schritte visualisieren, abhaken oder feiern. Das macht deinen Fortschritt sichtbar und greifbar. Es entsteht eine Aufwärtsspirale: Klarheit führt zu Handlung, Handlung zu Ergebnissen, Ergebnisse zu Motivation. Und so wächst dein inneres Gefühl von Selbstwirksamkeit mit jedem Schritt, den du gehst.

In diesem Prozess ist es hilfreich, mit einem Zielplan zu arbeiten. Du kannst dafür eine Tabelle oder ein Journal verwenden. Notiere dir dort für jedes Ziel: die genaue Beschreibung, das Warum, den angestrebten Zeitpunkt, die ersten drei Schritte und die benötigten Ressourcen. Diese schriftliche Form hilft dir nicht nur bei der Orientierung, sondern sie wirkt auch wie eine innere Verabredung mit dir selbst. Du nimmst dich und deine Ziele ernst. Du überträgst dein inneres Anliegen in ein konkretes System. Das gibt Halt.

Gleichzeitig darfst du flexibel bleiben. Manches Ziel verändert sich mit der Zeit. Neue Erkenntnisse, Erfahrungen oder Umstände können dazu führen, dass du neu priorisierst oder eine Richtung anpasst. Das ist kein Zeichen von Unentschlossenheit, sondern von Lebendigkeit. Struktur heißt nicht Starrheit, sondern bewusste Ausrichtung. Du darfst jederzeit innehalten, reflektieren, neu wählen. Du darfst dir eingestehen, dass ein Ziel, das dich gestern begeistert hat, dich heute vielleicht nicht mehr in der gleichen Tiefe berührt. Und das ist in Ordnung. Wachstum bedeutet auch, loszulassen. Es bedeutet, zu erkennen, wann ein Ziel erfüllt ist, wann es nicht mehr zu dir passt oder wann ein neuer Fokus dich ruft. Diese Form der Flexibilität ist kein Rückschritt, sondern Ausdruck von innerer Reife. Denn wer bereit ist, sich selbst ehrlich zu begegnen, wird erkennen, dass Ziele keine starren Vorgaben sind, sondern Wegweiser. Sie zeigen eine Richtung an, doch du entscheidest, wie du darauf reagierst. Vielleicht verändert sich dein Tempo, vielleicht auch dein Zielbild. Wichtig ist nur: Du bleibst in Verbindung mit deinem Ziel und mit dir selbst. Du bleibst dir treu, auch wenn der Weg sich wandelt.

Reflexionsfragen:

- Welche meiner Ziele sind aktuell wirklich prioritär?
- Welche Lebensbereiche bekommen zu viel Aufmerksamkeit, und welche zu wenig?
- In welchen Bereichen fühle ich mich klar strukturiert, und wo herrscht noch Unordnung?
- Welche Aufgaben und Verpflichtungen kann ich loslassen, um Raum für meine Hauptziele zu schaffen?
- Wie kann ich meine wichtigsten Ziele in konkrete Schritte übersetzen?
- Was wäre der erste einfache Schritt, den ich heute gehen kann?

Wenn du deine Ziele strukturierst und priorisierst, entsteht ein Weg, der dich nicht überfordert, sondern trägt. Du weißt, worauf du dich konzentrieren willst. Du erkennst, was dir wirklich wichtig ist. Und du beginnst, dein Leben bewusst zu gestalten, mit Klarheit, Fokus und innerer Ausrichtung.

Zwischenziele und Meilensteine

Ein großes Ziel kann inspirieren. Es kann uns in Bewegung bringen, unsere Vorstellungskraft beflügeln und uns über uns hinauswachsen lassen. Doch genau diese Größe kann auch einschüchtern. Was uns einerseits begeistert, kann andererseits lähmen, wenn der Weg dorthin unklar bleibt. Es entsteht das Gefühl, vor einem riesigen Berg zu stehen, ohne zu wissen, wo der erste Trittstein liegt. Die Anfangsenergie kann sich in Zweifel verwandeln, wenn keine klare Struktur vorhanden ist. Deshalb braucht jedes größere Ziel eine Struktur aus Zwischenzielen und Meilensteinen. Diese helfen dir dabei, deinen Weg greifbar zu machen, dich nicht zu überfordern und deine Fortschritte bewusst wahrzunehmen. Sie sind wie Etappenziele auf einer langen Reise. Sie geben dir Orientierung, schenken dir Motivation und machen Entwicklung sichtbar. Sie erlauben dir, Erfolge zu erkennen und zu würdigen, lange bevor du dein Endziel erreichst. Sie halten dich verbunden mit deinem Vorhaben, auch wenn der Alltag turbulent ist oder du ins Stolpern gerätst. Und sie stärken dein Vertrauen, dass selbst ein langer Weg bewältigbar ist, wenn du ihn in überschaubare Abschnitte unterteilst.

Ein Zwischenziel ist ein konkreter Schritt auf dem Weg zu einem übergeordneten Ziel. Es ist kleiner, zeitlich näher und spezifischer. Während das große Ziel vielleicht darin besteht, eine berufliche Neuorientierung zu vollziehen, könnte ein Zwischenziel sein, relevante Weiterbildungen zu recherchieren, ein Beratungsgespräch zu führen oder einen Bewerbungsprozess zu starten. Zwischenziele strukturieren deinen Weg. Sie machen aus einem unübersichtlichen Projekt eine Abfolge von machbaren Aufgaben. Das schafft nicht nur Übersicht, sondern auch ein Gefühl von Handlungssicherheit.

Meilensteine sind besondere Zwischenziele, die eine qualitative oder symbolische Bedeutung haben. Sie markieren Wendepunkte, Übergänge oder erreichte Abschnitte, die dich deinem Ziel spürbar näherbringen. Wenn du zum Beispiel ein Buch schreiben möchtest, wäre ein Meilenstein das abgeschlossene Exposé, das fertige Inhaltsverzeichnis oder das Beenden des ersten Kapitels. Diese Meilensteine sind wie Ankerpunkte auf dem Weg. Sie geben dir Halt und Orientierung. Und sie machen deinen Fortschritt sichtbar, nicht nur für dich selbst, sondern auch für Menschen, die dich unterstützen.

Zwischenziele und Meilensteine wirken motivierend, weil sie dich regelmäßig in Erfolgserlebnisse führen. Du musst nicht warten, bis das große Ziel erreicht ist, um stolz auf dich zu sein. Du darfst feiern, wenn ein Zwischenschritt gelingt. Du darfst anerkennen, was du bereits geschafft hast. Das stärkt dein Selbstwertgefühl und gibt dir die Kraft, dranzubleiben. Viele Menschen unterschätzen die Bedeutung solcher Zwischenstationen. Doch gerade sie sind es, die dich durchhalten lassen, wenn der Weg lang oder herausfordernd ist.

Es ist hilfreich, Zwischenziele nicht nur funktional zu denken, sondern emotional zu erleben. Frage dich: Was bedeutet es für mich, wenn ich diesen Schritt geschafft habe? Welches Gefühl möchte ich mit diesem Meilenstein verknüpfen? Vielleicht ist es Erleichterung, Freude,

Stolz oder innerer Frieden. Wenn du dich mit dieser emotionalen Qualität verbindest, wird dein Antrieb nachhaltiger. Du arbeitest nicht nur auf ein Ergebnis hin, sondern auf ein Erleben, das dich nährt. Dieses Erleben kann zur inneren Triebfeder werden, die dich auch in schwierigen Momenten auf Kurs hält. Emotionale Verankerung schafft Tiefe und Sinn. Sie macht dein Ziel nicht nur rational nachvollziehbar, sondern auch seelisch spürbar. Wenn du weißt, dass du mit dem Erreichen eines Zwischenziels nicht nur einen Punkt auf deiner Liste abhaken kannst, sondern dich selbst erfüllter, freier oder lebendiger fühlen wirst, entsteht eine Kraft, die weit über bloße Pflichterfüllung hinausgeht. So wird dein Ziel zu einem Resonanzraum, der dich auf allen Ebenen berührt und trägt.

Um Zwischenziele wirksam zu nutzen, lohnt es sich, sie schriftlich festzuhalten. Notiere für jedes übergeordnete Ziel drei bis fünf konkrete Schritte, die du in den nächsten Wochen umsetzen kannst. Ordne diese Schritte in eine zeitliche Reihenfolge und definiere, woran du erkennst, dass du sie erreicht hast. Notiere auch, wie du dich nach Erreichen fühlen möchtest. So entsteht ein emotionaler Anker, der dich motiviert. Du kannst deine Zwischenziele auch visualisieren, zum Beispiel als Zeitstrahl, Mindmap oder Fortschrittsbalken. Das erhöht die Verbindlichkeit und macht deinen Fortschritt sichtbar.

Ein wichtiger Aspekt ist die Flexibilität. Auch Zwischenziele dürfen sich verändern. Manchmal zeigt sich auf dem Weg, dass ein Schritt nicht mehr passt oder dass ein anderer sinnvoller wäre. Du darfst anpassen, ergänzen oder umplanen. Wichtig ist, dass du nicht starr einem

Plan folgst, sondern lernst, mit deinem Ziel in Resonanz zu bleiben. Zwischenziele sind kein starres Gerüst, sondern ein lebendiges Navigationssystem. Sie helfen dir, auf Kurs zu bleiben, auch wenn der Wind sich dreht. Flexibilität bedeutet, offen für neue Informationen, innere Impulse und äußere Entwicklungen zu bleiben. Es kann sein, dass sich dein Leben verändert, Prioritäten sich verschieben oder du selbst in eine neue Phase hineinwächst. Dann ist es hilfreich, deine Zwischenziele nicht als fixe Vorgaben zu sehen, sondern als Wegmarken, die du bei Bedarf versetzen darfst. Diese Haltung beugt Frust vor und erlaubt dir, auch bei Veränderungen stabil in der Bewegung zu bleiben. Es geht nicht darum, alles immer genau so zu machen, wie du es geplant hast, sondern darum, bewusst und wach in Beziehung mit deinem Weg zu bleiben.

Auch Rückschläge oder Verzögerungen dürfen Platz haben. Nicht jeder Meilenstein wird im ersten Anlauf erreicht. Manchmal braucht es mehrere Anläufe, manchmal ein Umdenken. Entscheidend ist nicht, wie schnell du gehst, sondern dass du überhaupt gehst. Und dass du dir selbst erlaubst, Fehler zu machen, Pausen einzulegen und aus Erfahrungen zu lernen. Ein verpasster Meilenstein ist kein Zeichen von Scheitern, sondern eine Einladung zur Reflexion. Vielleicht brauchst du mehr Zeit, mehr Unterstützung oder einen anderen Ansatz. All das gehört zum Prozess.

Um Zwischenziele sinnvoll zu formulieren, kannst du dich an den Prinzipien wohlgeformter Ziele orientieren. Du erinnerst dich: Ziele sollen positiv formuliert, konkret, überprüfbar, realistisch und zeitlich definiert sein.

Wenn du deine Zwischenziele so formulierst, schaffst du dir selbst einen klaren Handlungsrahmen. Du weißt, was du tun willst, wann du es tun willst und woran du erkennst, dass du auf dem richtigen Weg bist. Das reduziert Unsicherheit und erhöht deine Motivation.

In der praktischen Umsetzung kannst du für jedes größere Ziel einen sogenannten Zielfahrplan erstellen. Dieser Plan enthält dein übergeordnetes Ziel, deine Zwischenziele, die jeweiligen Meilensteine, Zeiträume, Verantwortlichkeiten (falls du mit anderen arbeitest) und die gewünschten Resultate. Du kannst diesen Plan regelmäßig überprüfen, aktualisieren und mit neuen Erkenntnissen ergänzen. So bleibt dein Ziel lebendig, beweglich und auf dich abgestimmt. Ein solcher Zielfahrplan unterstützt dich dabei, Klarheit zu bewahren, gerade wenn du mehrere Projekte gleichzeitig verfolgst. Er wirkt wie eine innere Landkarte, die dir nicht nur den aktuellen Standort, sondern auch die nächste Weggabelung zeigt. Du kannst erkennen, wo du stehst, was noch vor dir liegt und welche Ressourcen du brauchst. Das verschafft dir Sicherheit und erlaubt es dir, in komplexen Situationen einen kühlen Kopf zu bewahren. Wenn du deinen Plan schriftlich oder visuell umsetzt, gewinnst du nicht nur Struktur, sondern auch Motivation. Jeder gesetzte Haken an einem erreichten Zwischenziel ist eine kleine Bestätigung deiner Selbstwirksamkeit und rückt dein großes Ziel Stück für Stück näher in greifbare Reichweite.

Meilensteine sind auch eine Möglichkeit, mit anderen in Verbindung zu treten. Wenn du dein Ziel mit einem Coach, einer vertrauten Person oder einem Team teilst, können Meilensteine als gemeinsame Orientierung dienen. Ihr könnt euch gegenseitig ermutigen, Rückmeldungen geben und Fortschritte feiern. Das schafft Verbundenheit und stärkt dein Gefühl, nicht allein unterwegs zu sein.

Reflexionsfragen:

- Welche Meilensteine habe ich in der Vergangenheit bereits erfolgreich erreicht und wie haben sie sich angefühlt?
- Welches meiner aktuellen Ziele könnte ich durch drei konkrete Zwischenziele strukturieren?
- Was wäre ein erster, machbarer Schritt, um in Bewegung zu kommen?
- Welche Gefühle verbinde ich mit meinen wichtigsten Zwischenzielen?
- Wie gehe ich mit Rückschlägen um und wie kann ich mich in solchen Momenten stärken?
- Wie kann ich meinen Fortschritt sichtbar machen und bewusst feiern?

Wenn du deine Ziele in Zwischenziele und Meilensteine gliederst, machst du dir deinen Weg bewusst begehbar. Du verlierst dich nicht im Großen, sondern findest dich wieder im Konkreten. Du erkennst, wie weit du schon gekommen bist. Und du stärkst deine Bereitschaft, weiterzugehen mit Vertrauen, Klarheit und der inneren Überzeugung, dass jeder Schritt zählt.

Kontext und Auswirkungen reflektieren

Ziele entstehen nie im luftleeren Raum. Sie sind immer eingebettet in ein Geflecht aus Beziehungen, Umständen, inneren Überzeugungen und äußeren Rahmenbedingungen. Wer sich ein Ziel setzt, verändert nicht nur sich selbst, sondern beeinflusst auch sein Umfeld. Jede noch so persönliche Entscheidung strahlt über die eigene Person hinaus. Sie kann neue Impulse auslösen, bestehende Muster herausfordern oder verborgene Spannungen sichtbar machen. Ziele sind damit nicht nur individuelle Vorhaben, sondern auch soziale Ereignisse. Deshalb ist es so wichtig, den Kontext und die Auswirkungen eines Ziels bewusst zu reflektieren. Nur dann entsteht eine Zielsetzung, die nicht nur klar und motivierend ist, sondern auch verantwortungsvoll, nachhaltig und stimmig im größeren Zusammenhang. Diese Art der Reflexion schützt nicht nur vor ungewollten Nebenwirkungen, sondern verstärkt auch die Kraft des Ziels selbst. Denn wenn du weißt, wofür und in welchem Rahmen du dich auf den Weg machst, gewinnst du innere Sicherheit. Du weißt, worauf du dich einlässt. Du erkennst Zusammenhänge. Und du triffst Entscheidungen nicht nur aus dem Moment heraus, sondern im Bewusstsein eines größeren Ganzen.

Wenn du dir ein Ziel setzt, ist es hilfreich, innezuhalten und dir bewusst zu machen, in welchem Lebenszusammenhang dieses Ziel steht. Welche Lebensbereiche sind davon betroffen? Welche Beziehungen könnten sich verändern? Welche Auswirkungen könnten sich auf deinen Alltag, deine Gesundheit, deine Finanzen oder dein emotionales Gleichgewicht ergeben? Diese Fragen erweitern deinen Blick. Sie verhindern, dass du dich nur auf das Ergebnis fokussierst und dabei das Ganze aus dem Blick verlierst. Denn jedes Ziel zieht Kreise. Und je größer die Kreise, desto wichtiger ist es, sich ihrer bewusst zu sein. Du kannst dich fragen, welche Strukturen dein Ziel benötigt, um realisiert zu werden, und welche bestehenden Strukturen es eventuell herausfordert. Vielleicht fordert dein Ziel dich heraus, Zeit neu zu organisieren oder Gewohnheiten zu verändern. Vielleicht stößt du auf innere Widerstände oder auf Reaktionen deines Umfelds. Wenn du all das mit in deine Überlegungen einbeziehst, stärkst du deine Position von Beginn an. Du entwickelst eine realistische Einschätzung und baust dir bewusst einen tragfähigen Rahmen. So wächst aus einem vagen Wunsch ein Ziel, das gut verankert ist in deinem Leben und deinem Alltag. Ein Ziel, das nicht gegen deine Realität arbeitet, sondern sie mitgestaltet.

Auch deine inneren Überzeugungen wirken wie ein unsichtbarer Kontext. Wenn du glaubst, dass du immer stark sein musst, wirst du vielleicht ein Ziel wählen, das dich überfordert. Wenn du unbewusst meinst, dass du keine Unterstützung verdient hast, wirst du dein Ziel womöglich allein anstreben, obwohl Hilfe möglich wäre. Deshalb gehört zur Zielarbeit auch die innere Haltung. Welche Glaubenssätze prägen dich? Welche Botschaften trägst du über dich, über Erfolg, über Leistung, über Scheitern in dir? Wenn du diese inneren Muster erkennst, kannst du deine Ziele freier und ehrlicher formulieren. Du beginnst, nicht mehr nur zu reagieren, sondern zu gestalten.

Der soziale Kontext ist ein weiterer entscheidender Aspekt. Wer unterstützt dich auf deinem Weg? Wer könnte sich vielleicht zurückgezogen oder irritiert fühlen, wenn du dich veränderst? Wer profitiert davon, wenn du dein Ziel erreichst? Wer könnte sich dadurch herausgefordert fühlen? Diese Reflexion ist nicht dazu da, dich zu verunsichern, sondern um dich innerlich vorzubereiten. Jede Veränderung erzeugt Reaktionen. Und je bewusster du diese einbeziehst, desto gelassener wirst du damit umgehen können. Es geht nicht darum, es allen recht zu machen. Aber es geht darum, nicht blind in Konflikte oder Spannungsfelder zu laufen, die vermeidbar wären. Wenn du beginnst, deinen sozialen Kontext aktiv mitzudenken, entwickelst du ein feineres Gespür für Resonanz und Widerstand. Du lernst zu unterscheiden, ob Einwände aus Sorge, aus Gewohnheit oder aus echtem Konfliktpotenzial entstehen. Du kannst Gespräche vorbereiten, Unterstützung organisieren oder gezielt Grenzen setzen. Du wirst wacher für Dynamiken, die deinen Weg erleichtern oder erschweren können. Und du lernst, dich klarer zu positionieren, ohne dich zu rechtfertigen. Ein Ziel gewinnt an Kraft, wenn es in Resonanz mit deinem sozialen Umfeld treten darf, ohne dich darin aufzulösen. Wenn du dich gut vorbereitet fühlst, kannst du auch Gegenwind besser annehmen. Du kannst sachlich bleiben, ohne dich emotional zu verlieren. Du kannst andere einladen, dich zu begleiten, statt dich von potenzieller Kritik entmutigen zu lassen. Der soziale Kontext wird dann nicht zur Hürde, sondern zur Ressource. Du schaffst dir ein Feld, in dem du wachsen darfst, ohne dich zu verbiegen. Und du stärkst deine Fähigkeit, Verantwortung zu übernehmen: für dein Ziel und für die Art, wie du es in die Welt bringst.

Auch die Auswirkungen auf deine inneren Rollen verdienen Beachtung. Vielleicht bist du gewohnt, dich zu sehr für andere zurückzunehmen. Ein Ziel, das deine Selbstfürsorge stärkt, kann dann in dir innere Spannungen erzeugen. Oder du bist sehr leistungsorientiert und merkst plötzlich, dass ein Ziel nach mehr Tiefe und weniger Tempo verlangt. Dann darfst du dich fragen, ob du bereit bist, deine gewohnte Selbstdefinition zu hinterfragen. Diese Fragen sind nicht immer leicht, denn sie berühren tief verwurzelte Muster, die oft über viele Jahre gewachsen sind. Ein Ziel, das dich wirklich verändert, berührt nicht nur dein Verhalten, sondern auch dein Selbstbild. Vielleicht stellst du fest, dass du dich lange über bestimmte Rollen definiert hast: die oder der Starke, die oder der Verlässliche, die oder der Erfolgreiche. Wenn ein Ziel dich einlädt, weicher, freier oder verletzlicher zu werden, kann das zunächst verunsichern. Doch genau in dieser Verunsicherung liegt das Tor zu Wachstum. Du erkennst, dass du mehr bist als deine Funktion. Du beginnst, dich neu zu entdecken, jenseits dessen, was du bislang von dir geglaubt hast. Ziele fordern nicht nur unsere Handlungskraft heraus, sondern auch unsere Identität. Sie lassen uns über uns selbst hinauswachsen, indem sie uns mit Seiten von uns in Verbindung bringen, die bisher im Schatten lagen. Und genau darin liegt ihre transformierende Kraft.

Ein Ziel kann nur dann langfristig tragen, wenn es in einem realistischen und zugleich wachstumsfördernden Kontext steht. Es darf dich fordern, aber nicht überfordern. Es darf andere mit einbeziehen, aber nicht deine eigenen Bedürfnisse übergehen. Es darf Veränderungen auslösen, aber nicht zerstören, was dir wichtig ist. Ziele sind kein Selbstzweck. Sie entfalten ihre Kraft erst dann, wenn sie in ein lebendiges Gleichgewicht eingebettet sind – zwischen Herausforderung und Fürsorge, zwischen Eigenverantwortung und Mitverantwortung, zwischen Innenwelt und Außenwelt. Um diese Balance zu finden, braucht es den Mut zur Reflexion. Die Bereitschaft, nicht nur nach vorn zu schauen, sondern auch zur Seite und nach innen. Und die Fähigkeit, sich selbst als Teil eines größeren Ganzen zu begreifen. Das bedeutet auch, anzuerkennen, dass du in Beziehung stehst: zu Menschen, zu Systemen, zu deiner eigenen Geschichte. Und dass jede Entscheidung, die du triffst, ein Teil dieses Beziehungsgeflechts bleibt. Wenn du dein Ziel mit dieser Haltung verfolgst, wirst du wacher für die Wechselwirkungen, die dein Handeln auslöst. Du entwickelst einen inneren Kompass, der dir hilft, bei dir zu bleiben, ohne starr zu werden. Und du lernst, Verantwortung mit Leichtigkeit zu verbinden. Dann ist dein Ziel nicht nur ein persönliches Projekt, sondern ein Beitrag zu einer Welt, in der du dich und andere achtest. Es wird zum Ausdruck deiner Verbundenheit, mit dir selbst, mit anderen und mit dem Leben an sich.

Die Reflexion von Kontext und Auswirkungen ist ein Akt der Achtsamkeit. Sie schützt dich davor, Ziele zu wählen, die dich von dir selbst entfernen. Sie hilft dir, Ziele zu formulieren, die im Einklang mit deinem Leben, deinen Werten und deinem inneren Weg stehen. Und sie macht dich sensibel für die Bedürfnisse deines Umfelds, ohne dich von deinen eigenen zu entfernen. Aus dieser Haltung heraus wird Zielarbeit zu einem bewussten, tiefen und verantwortungsvollen Prozess.

Reflexionsfragen:

- In welchen Lebensbereichen wirkt sich mein Ziel konkret aus?
- Welche Veränderungen könnten für mich oder mein Umfeld entstehen?
- Welche inneren Überzeugungen beeinflussen meine Zielsetzung, und stimmen sie noch?
- Wer unterstützt mich? Wer könnte durch mein Ziel irritiert sein?
- Was verändert sich an meinem Selbstbild, wenn ich mein Ziel wirklich erreiche?
- Wie kann ich sicherstellen, dass mein Ziel sowohl mir als auch meinem Umfeld guttut?

Wenn du den Kontext deines Ziels bewusst betrachtest, wächst nicht nur deine Klarheit, sondern auch deine Selbstverantwortung. Du siehst dein Ziel nicht mehr isoliert, sondern eingebettet in ein lebendiges System. Und du beginnst, deinen Weg mit einer Tiefe und Weitsicht zu gehen, die dich trägt, auch durch herausfordernde Phasen.

Über Stolpersteine und Perfektionismus

Ziele zu haben ist kraftvoll. Sie geben unserem Leben Richtung, sie motivieren uns, und sie lassen uns wachsen. Doch selbst das beste Ziel kann an Kraft verlieren, wenn es unterwegs ins Stocken gerät. Viele Menschen erleben auf ihrem Weg zum Ziel Momente der Frustration, des Zweifelns oder der Orientierungslosigkeit. Oft liegt das nicht am Ziel selbst, sondern an Stolpersteinen, die unbeachtet geblieben sind. Wenn du diese Stolpersteine kennst, kannst du ihnen begegnen, bevor sie dich aufhalten. Du kannst dich innerlich vorbereiten, Umwege vermeiden und deinen Weg bewusster gestalten.

Einer der häufigsten Stolpersteine ist ein Ziel, das nicht wirklich zu dir passt. Vielleicht übernimmst du ein Ziel, das du für erstrebenswert hältst, weil andere es verfolgen. Vielleicht willst du Erwartungen erfüllen, statt deinem eigenen inneren Ruf zu folgen. Ein solches Ziel kann zwar kurzfristig motivieren, es wird dich aber langfristig nicht erfüllen. Es fehlt die emotionale Tiefe, die Verbindung zu deinem innersten Warum. Deshalb ist es so wichtig, die Quelle deines Ziels zu prüfen. Kommt es wirklich aus dir? Oder willst du nur jemand sein, der ein bestimmtes Ziel erreicht?

Ein weiterer Stolperstein ist die fehlende Klarheit. Wenn ein Ziel zu vage formuliert ist, fehlt dir die Orientierung. Du weißt nicht, wann du es erreicht hast, woran du dich messen kannst oder wie du überhaupt beginnen sollst. Aus einem inspirierenden Wunsch wird dann schnell eine diffuse Vorstellung, die im Alltag untergeht. Klare Ziele brauchen Struktur. Sie brauchen einen Anfang, einen Weg und einen sichtbaren Erfolgspunkt. Nur so wird aus einem Gedanken eine Handlung.

Besonders häufig und tief wirkend ist der Stolperstein des Perfektionismus. Perfektionismus ist eine innere Haltung, die oft auf hohen Ansprüchen, Angst vor Fehlern und einem tiefen Bedürfnis nach Kontrolle beruht. Wenn du glaubst, dass alles perfekt sein muss, bevor du startest, wirst du möglicherweise nie beginnen. Oder du beginnst, aber verlierst unterwegs die Leichtigkeit. Statt dich offen und neugierig auf den Weg zu machen, setzt du dich unter Druck. Du willst alles richtig machen, jeden Fehler vermeiden, jede Eventualität im Voraus bedenken. Doch das lähmt.

Perfektionismus erzeugt eine Illusion von Kontrolle, die in der Realität kaum aufrechterhalten werden kann. Du misst dich an Idealen, die selten erreichbar sind. Du vergleichst dich mit Menschen, die vielleicht ganz andere Voraussetzungen haben. Du glaubst, dass Fehler ein Zeichen von Schwäche sind, statt sie als natürlichen Teil von Entwicklung zu begreifen. Dieser innere Druck führt dazu, dass du deine Energie nicht für dein Ziel einsetzt, sondern dafür, Erwartungen zu erfüllen, die dich innerlich leer lassen. Du wirst vorsichtig, zögerlich, selbstkritisch, und verlierst dabei oft den Zugang zu deiner ursprünglichen Begeisterung.

Ein weiterer Effekt von Perfektionismus ist der sogenannte Aufschub. Wenn du das Gefühl hast, erst dann beginnen zu dürfen, wenn alles vorbereitet, durchdacht und sicher ist, wartest du oft viel zu lange. Du planst, optimierst, strukturierst, aber du handelst nicht. Dein Ziel bleibt in einer Warteschleife stecken. Und mit jeder Runde, die du drehst, schwindet die Motivation. Perfektionismus verhindert nicht nur den ersten Schritt. Er blockiert auch das Lernen auf dem Weg. Denn nur durch Tun entsteht Erfahrung. Nur durch Irrtum entsteht Erkenntnis. Nur durch Übung entsteht Vertrauen.

Deshalb ist es hilfreich, dir selbst die Erlaubnis zu geben, unperfekt zu starten. Ein Ziel muss nicht makellos umgesetzt werden, um bedeutsam zu sein. Es darf wachsen, sich verändern, sich deinem Leben anpassen. Du darfst ausprobieren, korrigieren, lernen. Manchmal darf es auch bewusst unvollständig oder unperfekt bleiben. Denn nicht jedes Ziel verlangt nach völliger Ausreizung, nicht jeder Prozess braucht ein glanzvolles Ergebnis. Echte Perfektion lässt sich ohnehin nicht erreichen, weil sie ein bewegliches Ideal ist, das sich ständig verändert. Was heute wie ein perfektes Ergebnis erscheint, kann morgen schon an Relevanz verlieren. Was aber bleibt, ist deine Erfahrung, dein Mut, dein gelebter Weg. Perfektionismus ist kein Zeichen von Stärke, sondern oft Ausdruck von Angst. Wenn du dir jedoch erlaubst, mutig und unvollkommen loszugehen, entwickelst du echte Stärke. Die Stärke, dich auf den Weg zu machen, auch wenn noch nicht alles klar ist. Die Stärke, nicht Kontrolle über alles zu brauchen, sondern Vertrauen in deinen Prozess zu entwickeln.

Der Weg zu deinem Ziel ist kein Prüfungsparcours, den du fehlerfrei bestehen musst. Er ist ein Lernfeld, ein Erfahrungsraum, ein Spiegel deiner inneren Entwicklung. Wenn du das erkennst, kannst du dich selbst mit mehr Mitgefühl und Gelassenheit begleiten. Du beginnst, dich nicht nur an Ergebnissen zu messen, sondern an deinem Mut, dranzubleiben. Du feierst nicht nur das Erreichte, sondern auch deine Bereitschaft, dich einzulassen. Und du verstehst, dass du nicht perfekt sein musst, um wertvoll, fähig und erfolgreich zu sein. Du darfst Mensch sein, mit allen Ecken, Kanten und Stärken.

Perfektionismus verliert seine Macht, wenn du lernst, dich selbst freundlich und ehrlich zu sehen. Wenn du dich für kleine Schritte entscheidest, statt auf den perfekten Moment zu warten. Wenn du beginnst, statt ewig zu planen. Wenn du dein Ziel mit dem Herzen anfasst, nicht mit der Angst. Dann öffnet sich der Raum für echte Veränderung und für eine Zielreise, die dich erfüllt, statt dich zu erschöpfen.

Reflexionsfragen:

- Welche meiner Ziele habe ich möglicherweise aus einem Perfektionsanspruch heraus noch nicht begonnen?
- Wo könnte ich mir erlauben, unvollkommen zu starten?
- Wie äußert sich mein innerer Perfektionismus, und was schützt er vielleicht in mir?
- Was würde sich verändern, wenn ich nicht perfekt, sondern echt sein dürfte?
- Welche ersten kleinen Schritte kann ich gehen, ohne auf Sicherheit zu warten?
- Wie kann ich lernen, meine Fehler als Teil meines Wachstums zu sehen?

Du musst nicht alles richtig machen, um deinen Weg zu gehen. Du darfst Fehler machen, du darfst neu ansetzen, du darfst Mensch sein. Was zählt, ist deine Bereitschaft, loszugehen. Nicht die perfekte Ausführung, sondern das aufrichtige Tun bringt dich voran. Und genau darin liegt die Kraft, dein Ziel mit innerer Freiheit und echter Freude zu erreichen. Wenn du dich für kleine Schritte entscheidest, statt auf den perfekten Moment zu warten. Wenn du beginnst, statt ewig zu planen. Wenn du dein Ziel mit dem Herzen anfasst, nicht mit der Angst. Dann öffnet sich der Raum für echte Veränderung und für eine Zielreise, die dich erfüllt, statt dich zu erschöpfen.

Erfolge erkennen, Dankbarkeit stärken

Erfolg ist mehr als ein Ergebnis. Erfolg ist ein Gefühl. Und dieses Gefühl entsteht nicht erst am Ende eines langen Weges, sondern kann und darf schon mitten im Prozess erlebt werden. Viele Menschen übersehen ihre Erfolge, weil sie sich nur auf das große Ziel konzentrieren. Sie sagen sich: Ich bin erst erfolgreich, wenn ich es geschafft habe. Doch das ist eine Sichtweise, die Kraft nimmt. Denn sie ignoriert, was du bereits gemeistert hast. Sie übersieht die kleinen Schritte, die mutigen Entscheidungen, die inneren Prozesse. Sie lässt all das unsichtbar, was dich schon jetzt wachsen lässt. Deshalb ist es so wichtig, Erfolge bewusst zu erkennen. Sie sind die Nahrung deiner Motivation. Und sie stärken das Vertrauen in dich selbst.

Wenn du lernst, auch kleine Fortschritte zu würdigen, veränderst du deinen Blick auf dich und deinen Weg. Du beginnst zu sehen, was alles schon gelungen ist. Du erkennst, wie viele Male du dich bereits aufgerichtet, dich auf Neues eingelassen oder drangeblieben bist. Du erkennst, dass dein Weg nicht davon abhängt, wie groß ein Schritt ist, sondern dass du ihn gegangen bist. Und du beginnst, deine eigene Entwicklung zu feiern. Nicht weil alles perfekt ist, sondern weil du dich aufgemacht hast, weil du mutig warst, weil du innerlich gewachsen bist. Genau darin liegt die Kraft. Erfolg ist nicht nur das Ziel, sondern auch der Weg. Und dieser Weg verdient Beachtung. Es geht darum, deine Schritte sichtbar zu machen und ihnen Bedeutung zu geben. Jeder Schritt, jede Entscheidung, jeder Versuch zählt. Und manchmal reicht es, wenn etwas einfach gut genug ist. Nicht jedes Vorhaben braucht das Siegel der Perfektion, um bedeutsam zu sein. Manchmal ist es die bewusste Entscheidung, unvollkommen zu sein, die dich befreit. Denn echte Perfektion ist nicht erreichbar. Sie ist ein Ideal, das sich mit jedem Schritt verändert. Was zählt, ist nicht das makellose Ergebnis, sondern dein authentisches Vorangehen. Wenn du das verinnerlichst, wirst du milder mit dir und klarer in deiner Kraft.

Dankbarkeit ist ein weiterer Schlüssel auf diesem Weg. Dankbarkeit richtet deinen Blick nicht auf das, was fehlt, sondern auf das, was da ist. Sie holt dich aus dem Mangel in die Fülle. Wenn du beginnst, dich regelmäßig zu fragen, wofür du dankbar bist, veränderst du deine innere Haltung. Du wirst aufmerksamer für das Gute, das dich umgibt. Du bemerkst die Menschen, die dich unterstützen, die Möglichkeiten, die sich dir öffnen, die kleinen Wunder des Alltags. Du erkennst die Schönheit im Einfachen, das Wertvolle im Alltäglichen und das Wesentliche im Moment. Dankbarkeit lädt dich ein, stehen zu bleiben, durchzuatmen, hinzuspüren. Sie bringt dich in Kontakt mit dem Jetzt. Sie verbindet dich mit dem, was du bereits hast, statt dich ausschließlich auf das zu fixieren, was du noch erreichen willst. Diese Dankbarkeit ist nicht naiv. Sie ist kraftvoll. Sie macht dich nicht abhängig, sondern präsent. Sie macht dich nicht passiv, sondern wach. Und sie schafft eine innere Basis, auf der Motivation wachsen kann. Denn wer erkennt, was bereits gut ist, geht gelassener und zugleich kraftvoller weiter. Wer dankbar ist, schöpft aus einer Fülle, die von innen kommt. Und wer diese Fülle wahrnimmt, muss sich nicht ständig beweisen. Dankbarkeit ist ein inneres

Ja zum Leben, ein bewusstes Anerkennen des Guten, das bereits da ist. Und genau dieses Ja stärkt deinen Weg.

Motivation entsteht oft aus der Verbindung zwischen innerer Anerkennung und äußerer Bewegung. Sie ist kein ständiger Strom, sondern eine Kraft, die gepflegt werden will. Wenn du lernst, dich selbst nicht nur über Ergebnisse zu definieren, sondern auch über die Qualität deines Einsatzes, deiner Haltung, deines inneren Engagements, dann entsteht ein stabiles Fundament. Motivation braucht Raum. Sie braucht Würdigung. Und sie braucht ein bewusstes Ja zu deinem Weg. Viele Menschen glauben, dass Motivation nur durch große Erfolge entsteht. Doch die Wahrheit ist: Die Motivation wächst aus den kleinen Schritten, die du gegangen bist. Aus den Momenten, in denen du nicht aufgegeben hast. Aus der Erfahrung, dass du handeln kannst. Und aus der inneren Überzeugung, dass dein Ziel sich lohnt. Je bewusster du diesen Prozess gestaltest, desto stabiler wird deine Motivation. Denn dann brauchst du keine äußeren Beweise mehr, um weiterzugehen. Du bist dir selbst Beweis genug.

Wenn du regelmäßig innehältst, um dich selbst zu feiern, entwickelst du eine andere Haltung dir selbst gegenüber. Du beginnst, dich nicht mehr über Mängel oder Defizite zu definieren, sondern über deine Kraft. Du erkennst, dass du dir vertrauen kannst. Und du lernst, dass du auch in schwierigen Momenten nicht machtlos bist. Diese Erfahrung ist nicht nur ermutigend, sie ist transformierend. Denn sie verändert die Art und Weise, wie du dich selbst wahrnimmst. Du wirst zu jemandem, der sich selbst führen kann. Und diese innere Führung stärkt deine Zuversicht. Wenn du lernen willst, deinen Erfolg bewusster wahrzunehmen, kann es hilfreich sein, am Ende eines Tages drei Dinge zu notieren, auf die du stolz bist. Drei Momente, in denen du mutig warst, ehrlich, klar oder einfach präsent. Es müssen keine spektakulären Erfolge sein. Es geht darum, dich selbst zu sehen. Und dich anzuerkennen. Aus dieser Anerkennung wächst Motivation, die nicht auf Vergleichen basiert, sondern auf echter Verbindung mit dir selbst.

Reflexionsfragen:

- Welche Erfolge habe ich bisher übersehen, obwohl sie bedeutsam für meinen Weg waren?
- Was verändert sich, wenn ich mich regelmäßig für kleine Fortschritte wertschätze?
- Wie kann ich Dankbarkeit gezielt nutzen, um mein Energielevel zu stabilisieren?
- Was motiviert mich nachhaltig, und was raubt mir Energie?
- Wie kann ich mich selbst regelmäßig daran erinnern, dass ich schon viel geschafft habe?
- In welchen Momenten habe ich erlebt, dass Selbstanerkennung mich gestärkt hat?

Wenn du deine Erfolge erkennst und dich in Dankbarkeit übst, entsteht eine Motivation, die nicht abhängig ist von äußeren Maßstäben. Du stärkst dein Selbstbild, du pflegst deine innere Beziehung und du entwickelst die Kraft, auch langfristige Ziele mit Vertrauen und Ausdauer zu verfolgen.

Nachhaltige Veränderung verankern

Nachhaltige Veränderung beginnt dort, wo neue Einsichten zu einem natürlichen Teil deines Alltags werden. Es reicht nicht, etwas nur einmal zu erkennen oder einen Impuls zu spüren. Was wirklich bleiben soll, braucht Wiederholung, Integration und emotionale Verankerung. Viele gute Absichten scheitern nicht an mangelnder Einsicht, sondern daran, dass sie keinen festen Platz im gelebten Alltag gefunden haben. Veränderung braucht Wurzeln. Und diese Wurzeln wachsen in konkreten Handlungen, regelmäßiger Reflexion und einer bewussten Entscheidung, dranzubleiben, auch wenn es unbequem wird.

Veränderung verankern heißt, neue Gedanken und Handlungen so in dein Leben einzuflechten, dass sie zu dir gehören. Nicht als starre Regeln, sondern als lebendige Entscheidungen. Es bedeutet, dir selbst zu erlauben, neue Wege zu gehen, ohne dich von alten Stimmen entmutigen zu lassen. Oft sind es nicht die äußeren Umstände, die dich aufhalten, sondern die inneren Zweifel. Deshalb braucht Veränderung eine Umgebung, die dich stärkt. Menschen, die dich ermutigen. Rituale, die dich erinnern. Räume, in denen du dich entfalten kannst. Veränderung braucht ein Klima der Freundlichkeit dir selbst gegenüber, denn sie ist kein linearer Weg, sondern eine Abfolge von Aufbrüchen, Rückschritten, Fortschritten und neuen Anfängen. Die stärkste Form der Verankerung entsteht, wenn dein neues Verhalten mit deiner inneren Haltung übereinstimmt. Wenn du dich nicht mehr dazu zwingen musst, sondern merkst: So will ich leben. So will ich mich erleben. Dann wird

Veränderung nicht mehr als Leistung verstanden, sondern als Ausdruck deiner Identität. Um dorthin zu kommen, braucht es nicht mehr Anstrengung, sondern mehr Tiefe. Du darfst dir Fragen stellen wie: Warum ist mir das wichtig? Wer bin ich, wenn ich so handle? Was verändert sich für mich und mein Umfeld, wenn ich diesen Weg weitergehe?

Nachhaltige Veränderung zeigt sich in den Momenten, in denen du nicht darüber nachdenken musst. Sie wird sichtbar in der Art, wie du sprichst, wie du wählst, wie du reagierst. Sie wird spürbar, wenn du erkennst, dass du dich nicht mehr überreden musst, sondern innerlich verbunden bist mit dem, was du tust. Dieser Zustand entsteht nicht über Nacht. Er wächst aus bewussten Entscheidungen, aus kleinen Schritten, aus deiner Bereitschaft, dran zu bleiben. Veränderung, die bleibt, entsteht nicht aus Druck, sondern aus Überzeugung. Und sie entfaltet sich in deinem Tempo, nicht im Vergleich zu anderen.

Es kann hilfreich sein, dir Meilensteine zu setzen, an denen du inne hältst und prüfst, was sich bereits verändert hat. Was war vor drei Wochen noch schwierig, das dir heute leicht fällt? Welche Gedanken begleiten dich heute, die vor einem Monat noch fern waren? Diese bewusste Rückschau stärkt dein Vertrauen. Sie zeigt dir, dass du auf dem Weg bist. Und sie schenkt dir Orientierung, wenn du unsicher wirst. Veränderung braucht Bestätigung. Nicht im Sinne von Lob von außen, sondern als inneres Spüren: Ich bin weitergekommen.

Ein weiterer Weg zur Verankerung besteht darin, deine Veränderung sichtbar zu machen. Vielleicht durch ein Tagebuch, in dem du deine Erfahrungen sammelst. Vielleicht durch ein Symbol, das dich im Alltag begleitet. Vielleicht durch einen bewussten Satz, den du dir jeden Morgen sagst. Diese Zeichen wirken oft stärker als lange Erklärungen. Sie erinnern dich daran, dass du etwas begonnen hast, das dir wichtig ist. Und sie helfen dir, auch dann verbunden zu bleiben, wenn der Alltag dich herausfordert.

Verankerung bedeutet, dir selbst eine neue Geschichte zu erzählen. Eine Geschichte, in der du handelst, nicht wartest. In der du lernst, statt dich zu verurteilen. In der du dir vertraust, auch wenn du noch nicht alle Antworten hast. Diese Geschichte formt dein Selbstbild. Und dein Selbstbild prägt deine Handlung. Wenn du dich als jemand siehst, die oder der Veränderung gestalten kann, wirst du auch in schwierigen Momenten handlungsfähig bleiben. Du wirst dich erinnern, warum du aufgebrochen bist. Und du wirst wissen, dass dein Weg nicht perfekt sein muss, um bedeutungsvoll zu sein.

Reflexionsfragen:

- Was hat sich in meinem Alltag bereits verändert, ohne dass ich es bewusst geplant habe?
- Welche neuen Routinen haben sich für mich als hilfreich erwiesen?
- Wie kann ich meine Veränderung innerlich mit meiner Haltung verbinden?
- Welche Menschen oder Umgebungen stärken meine Entwicklung?

- Wie kann ich auch in herausfordernden Momenten mit mir verbunden bleiben?
- Was erinnert mich täglich daran, dass ich auf dem richtigen Weg bin?

Veränderung verankert sich dort, wo du dir selbst treu bleibst. Nicht durch Perfektion, sondern durch Präsenz. Nicht durch äußeren Druck, sondern durch inneres Ja. Wenn du beginnst, das Neue nicht nur zu denken, sondern zu leben, wird aus deiner Absicht eine Erfahrung. Und aus dieser Erfahrung wächst Vertrauen. So entsteht nachhaltige Veränderung: von innen heraus, ehrlich, lebendig und kraftvoll.

Inspiration für den nächsten Schritt

Du hast dieses Buch bis zum Ende gelesen. Du hast dich mit deinen Zielen beschäftigt, deine inneren Bilder erforscht, dich mit deinen Werten verbunden und vieles über deinen ganz persönlichen Weg gelernt. Jetzt bist du an einem entscheidenden Punkt: Es ist Zeit, loszugehen. Der richtige Moment ist nicht irgendwann. Er ist jetzt.

Vielleicht spürst du noch Zweifel oder Unsicherheit. Das ist vollkommen normal. Veränderung braucht Mut, aber dieser Mut ist bereits in dir. Du hast dich mit dir selbst auseinandergesetzt, Klarheit gewonnen und gelernt, wie du dir selbst ein verlässlicher Kompass sein kannst. Alles, was du brauchst, trägst du bereits in dir.

Der nächste Schritt ist nicht nur möglich, er wartet auf dich. Du musst nicht alles perfekt vorbereitet haben. Du musst nicht jede Antwort kennen. Was du brauchst, ist die Bereitschaft, deinem inneren Ruf zu folgen. Die Bereitschaft, deinem Herzen und deinem Verstand zu vertrauen. Du hast gelernt, was ein gutes Ziel ausmacht. Du hast erkannt, wie du deine Motivation aus dem Inneren schöpfst. Jetzt darfst du dieses Wissen in Bewegung bringen.

Inspiration entsteht nicht nur durch große Visionen, sondern durch kleine, entschlossene Schritte. Vielleicht beginnst du mit einem konkreten Anruf, einem neuen Tagesritual oder einer klaren Entscheidung. Vielleicht schreibst du heute deinen ersten Plan auf oder teilst dein Ziel mit einer Person, die dich unterstützt. Jeder Schritt zählt. Jeder Schritt bringt dich deinem Ziel näher.

Du bist nicht am Anfang, du bist unterwegs. Und jede Reise beginnt mit dem Moment, in dem du sagst: Ich bin bereit. Schau nicht auf das, was noch fehlen könnte. Richte deinen Blick auf das, was du bereits in dir trägst. Den Willen, etwas zu verändern. Die Klarheit über das, was dir wichtig ist. Die Fähigkeit, Verantwortung für dein Leben zu übernehmen.

Lass dich jetzt nicht mehr aufhalten. Nicht von Zweifeln, nicht von alten Mustern, nicht von Stimmen, die sagen, es sei nicht möglich. Du hast dir selbst bewiesen, dass du mehr bist als deine Ängste. Dass du gestalten kannst. Dass du mit Herz und Verstand leben und handeln kannst.

Dieser Moment ist der Anfang von etwas Neuem. Vielleicht wird nicht alles sofort gelingen. Vielleicht wirst du stolpern, vielleicht brauchst du Pausen. Aber du wirst weitergehen, weil du weißt, wofür du gehst. Du gehst für das, was dir wirklich wichtig ist. Für ein Leben, das dir entspricht. Für Ziele, die dich lebendig machen.

Erlaube dir, inspiriert zu sein. Erlaube dir, dich zu bewegen. Der Weg entsteht beim Gehen. Deine Geschichte beginnt jetzt.